LE RWANDA AUJOURD'HUI

LES EDITIONS DU JAGUAR

> La chaîne des volcans éteints Birunga cache des petits lacs au fond des cratères.

SOMMAIRE

PANORAMA

(Photo de couverture)

> Femelle gorille des montagnes et son petit dans le Parc des Volcans.

Texte :

Jean-Claude Klotchkoff

avec la collaboration de :

Frédérique Letourneux

Photographies :

voir crédits photos page 208.

SITE PAR SITE

LE VOYAGE

LE RWANDA EN CARTES

> Une aube bleue se lève
sur le lac Kivu, à Kibuye.

PANORAMA

Le Rwanda se reconstruit lentement. Le calme et la sécurité sont revenus effaçant le souvenir des années sombres.

Dans cette région troublée des Grands Lacs, le « **Pays des mille collines** » dont l'emblème est le symbole de la diversité, reste un espace préservé, une terre à découvrir. Loin des safaris de masse du Kenya ou de Tanzanie, le Rwanda est l'endroit rêvé pour les touristes curieux, amoureux de la nature.

Le seul fait de parcourir de long en large ce petit pays par ses routes escarpées est un ravissement pour les yeux ; les collines verdoyantes et cultivées semblent se déverser de partout, dominées par les volcans au nord et bordées par le lac Kivu à l'ouest.

Mais les plus beaux atouts du Rwanda restent bien sûr ses réserves et ses parcs nationaux. Celui des Birungas d'abord, avec la rencontre, après quelques heures de marche, des fameux gorilles de montagne, des géants timides et pacifiques, très attachés à leur famille.

Autre lieu préservé dans un superbe décor de

lacs et de hautes collines, le Parc national de l'Akagera, à l'est du pays, est aussi beau que les grands parcs de l'Afrique Orientale ; il est riche en buffles, zèbres, antilopes, singes, éléphants, girafes et hippopotames. Enfin, la réserve naturelle de Nyungwe, au sud-ouest du Rwanda, abrite de nombreux singes (chimpanzés, cercocèbes, cercopithèques) et une grande variété d'orchidées.
Quant aux inconditionnels des simples plaisirs balnéaires, le lac Kivu, à l'ouest, offre des plages magnifiques : Gisenyi, au pied des volcans Birunga, Kibuye, avec ses péninsules et son archipel, ou Cyangugu, à l'extrême sud. Mais peut-être avant toute autre forme de tourisme, faut-il d'abord partir à la découverte des Rwandais eux-mêmes ; de ces hommes et de ces femmes, avec leur histoire, leurs souffrances et leur envie de reconstruire un nouveau pays. Les Rwandais ont ces qualités souvent perdues de chaleur humaine et d'hospitalité.
Que ce soit dans les villes ou les campagnes reculées, on vous accueillera toujours d'un joyeux «Muzungu » (" le Blanc "), tout à la fois salut et sourire de bienvenue !

> L'agriculture est de loin l'activité dominante du Rwanda. Partout, les paysages semblent ratissés de près.

Le sol et les paysages

Le Rwanda est souvent désigné comme : « le Pays des Mille Collines », une formule un peu réductrice. Les géographes ne se seraient-ils pas emmêlés dans leurs comptes ? En effet, chaque colline semble en cacher 10, 100, 1 000 ! Et entre les collines, une multitude de petits lacs et de marais. Portrait d'un petit paradis verdoyant.

Quelle surprise pour le voyageur se rendant pour la première fois au Rwanda, au cœur de l'Afrique Noire ! Il s'attendait à découvrir de grandes plaines brûlées par le soleil et envahies par la savane, comme en Tanzanie ou au Kenya tout proches. Ou bien, au contraire, à s'enfoncer dans la grande forêt équatoriale, domaine des Pygmées et des okapis, comme au Congo voisin. Eh bien non ! Sous les ailes de son avion défile un pays verdoyant et montagneux comme... l'Irlande ou la Suisse. Souvent, une rivière déroule paresseusement l'entrelacs compliqué de ses méandres ; parfois, c'est un chapelet de lacs qui renvoie un reflet argenté vers l'avion, tandis que ces hautes terres apparaissent au voyageur tapissées d'un étrange patchwork de jardins, de plantations et de pâturages dessinant les reliefs selon des courbes de niveau, comme sur les cartes d'état-major.

AU « PAYS DES MILLE COLLINES »

Occupant presque le centre de gravité de l'Afrique, le Rwanda, le « Pays des Mille Collines » – surnommé ainsi car son sol bosselé est situé à des altitudes variant de 900 à plus de 4 000 m – a été entièrement remodelé par la main de l'homme.
Depuis des siècles, en effet, les Rwandais ont patiemment et courageusement défriché presque toutes les terres pour en faire des champs ou des pâturages. Jusqu'à l'excès, parfois. Mais ce petit pays, presque aussi grand que la Belgique, a une densité de population très forte.
Dans ce contexte, le Rwanda tente de relever le défi de l'autosuffisance alimentaire en tirant de son agriculture la quasi-totalité de ses besoins. Quitte, à mettre en valeur la moindre parcelle de son territoire, à épuiser la terre en la surexploitant ou à rompre de délicats équilibres écologiques... (voir le chapitre « Économie »).
Malgré cette pression démographique, les autorités ont compris l'importance de préserver une partie des terres pour y maintenir de grands pans de forêt primaire (comme à Nyungwe) ou y aménager des parcs nationaux ; il en est ainsi du parc de la chaîne des volcans Birunga, dont les derniers gorilles de montagne de la planète sont devenus une attraction pour les touristes et continuent de présenter un intérêt majeur pour les scientifiques.

LA GIGANTESQUE « RIFT VALLEY »

Situé un peu au-dessous de l'Équateur, le Rwanda doit ses hauts reliefs aux bouleversements nombreux qui ont affecté l'écorce terrestre dans toute cette partie de l'Afrique Centrale et Orientale. Avec en particulier la fameuse « Rift Valley », ou « Grande Faille d'Afrique », gigantesque fracture de la plaque africaine qui s'étend au long de la mer Rouge et échancre tout l'Est du continent, de la Somalie jusqu'au Mozambique, avec une branche occidentale passant par l'Ouganda, la République Démocratique du Congo (RDC), le Rwanda, le Burundi et la Tanzanie. Elle a à la fois creusé un profond fossé d'effondrement, occupé à l'ouest par les lacs

Mobutu, Idi Amin, Kivu et Tanganyika, et fait surgir des chaînes de volcans, dont plusieurs sont encore en activité en RDC, comme le Nyamuragira et le Nyiragongo.
Au Rwanda, tous ces mouvements gigantesques de l'écorce terrestre ont commencé dès l'ère primaire (200 à 600 millions d'années av. J.-C.) mais ont pris une plus grande ampleur à l'ère tertiaire – il y a environ cinquante millions d'années –, période où se sont formées, sur la terre, les grandes chaînes de montagnes de l'Himalaya, des Andes ou des Alpes. Ces modifications du sol vont provoquer au Rwanda la naissance, à l'ouest, de la crête Congo-Nil, qui domine et longe entièrement, du nord au sud, tout le lac Kivu. Elle culmine à près de 3 000 m au mont Muhungwe, au nord, s'abaisse au milieu et se relève à plus de 2 700 m au sud, là où elle est couverte par la belle forêt primaire classée de Nyungwe.
Véritable mer intérieure, le lac Kivu, tout à l'ouest, est partagé entre le Rwanda et la RDC voisine. Par son climat tempéré et le paysage de montagnes qui l'entoure, le lac Kivu fait penser au lac Léman ou à celui d'Annecy ! C'est d'ailleurs ici que les Belges, au temps de la tutelle, avaient installé leurs résidences d'été et y venaient en vacances balnéaires. Aujourd'hui, avec l'installation progressive de très beaux hôtels, la côte du Kivu est riche de stations balnéaires très agréables, à l'image de Gisenyi, de Kibuye et de Cyangugu, au nord, au centre et au sud du lac Kivu.

UN PARC DE VOLCANS

La crête montagneuse Congo-Nil vient buter au nord de la chaîne des volcans Birunga (appelés Virunga au Congo), avec laquelle elle forme une sorte d'équerre, et qui s'étend à la fois sur le Rwanda, la RDC et l'Ouganda. C'est dans cette chaîne que les autorités rwandaises ont aménagé un grand parc national pour protéger les derniers gorilles de montagne, qui vivent en totale liberté sur les pentes des monts Karisimbi (4 507 m), Bushokoro ou Bisoke (3 711 m), Sabyinyo (3 634 m), Gahinga (3 474 m) et Muhabura (4 127 m).
C'est dans ce Parc national des Volcans que travailla, jusqu'à sa mort en 1985, la naturaliste américaine Dian Fossey, dont un film à grand succès intitulé *Gorilles dans la brume* a retracé l'histoire à la fin des années 1980.
Côté rwandais, tous ces volcans de la chaîne des Birunga sont éteints, et leur cratère est généralement occupé par de beaux petits lacs qui constituent un excellent but d'excursion pour les touristes sportifs.

> La culture du thé.

RELIEF

RÉPUBLIQUE
DÉMOCRATIQUE
DU CONGO
(RDC)
Muhabura
4 127 m
Gahinga 3 474 m
Sabyinyo 3 674 m
Visoke 3 711 m
Karisimbi
4 507 m
CHAÎNE DES BIRUNGA
Kidaho
Lac
Bulera
Ruhengeri
Lac
Ruhondo
Nyakirama
2 647 m
Gisenyi
Mt Muhungwe
2 920 m
Bumbogo
Kabaya
Kayenzi
Ramba
LAC KIVU
CRÊTE CONGO - NIL
2° Sud
Kibuye
Gitesi
Mabanza
Kivumu
Gitarama
Nyabarongo
Île
Ijwi
Birambo
Kigoma
Kaduha
Rukurara
Kagano
Gikongoro
Muogo
Cyangugu
Cyimbogo
Mudasomwa
2 768 m
Nyakabuye
Rwamiko
Butare
Ruhwa
Akanyaru
Rusizi
Kigembe
BURUNDI
29° Est
0
25
50 km

OUGANDA
TANZANIE
BURUNDI
Akagera
Kizinga
Muvumba
Umutara
Muvumba
Karangaza
Lac Rwanyakizinga
Muhororo 1 692 m
Gabiro 1 770 m
Ngarama
Byumba
Gabiro
Lac Mihindi
Mutumba 1 824 m
Lac Hago
Lac Kivumba
Akagera
Tare
Rutongo
Lac Ihema
Nyabarongo
Lac Muhazi
Muhazi
KIGALI
Nyarugenge
Rwamagana
Kayonza
Lac Nasho
Lac Mpanga
1 898 m
Lac Cyambwe
Kanazi
Lac Mugesera
Kibungo
Lac Cyohoha Nord
Nyabarongo
Lac Sake
Akanyaru
Ngenda
Rusumo
Akagera
Lac Rweru
Lac Cyohoha Sud
Altitudes en mètres
plus de 2 500
de 1 900 à 2 000
de 1 500 à 1 900
de 900 à 1 500
Volcan
Zone marécageuse
30° Est

DU PLATEAU CENTRAL AU PAYS DES LACS

Très montagneux à l'ouest et au nord-ouest, le territoire rwandais descend, en formant de grandes marches d'escalier, vers l'est et la rivière Akagera, qui fait office de frontière avec la Tanzanie. Tout le centre du pays, autour de Butare, Gitarama et Kigali, est occupé par un grand plateau, dont l'altitude évolue entre 1 500 m et 2 000 m. Terme un peu abusif pour nommer ces reliefs de collines, entaillés par d'innombrables vallées au fond desquelles coulent des rivières, comme l'Akanyaru ou la Nyabarongo. C'est en fait à ce plateau central, plissé en tous sens, que le Rwanda doit son surnom de « Pays des Mille Collines ».
Moins accidenté, l'est du Rwanda reste encore le domaine des hautes terres (1 000 à 1 500 m d'altitude). C'est surtout le pays des lacs et des marais. À l'est et au sud de la capitale, Kigali, la plupart de ces lacs ont des branches en forme de doigts de gant, comme le lac Muhazi, au-dessus de Rwamagana, les lacs Mugesera, Birira et Sake, près de Kibungo, ou encore le lac Cyohoha, à cheval sur le Rwanda et le Burundi. Plus réguliers sont les lacs, entourés de marécages, du Parc de l'Akagera (lac Ihema, par exemple) ou le lac Rweru, à la frontière du Burundi.

UN CLIMAT ÉQUATORIAL D'ALTITUDE

Ce réseau hydrographique particulièrement dense au Rwanda s'explique par le climat très humide de ce pays situé tout près de l'Equateur. Chaque année, en effet, il connaît deux saisons des pluies : la grande (*itumba*), qui dure de la mi-février au début de juin, et la petite (*umuhindo*), qui s'étend de la mi-septembre à la mi-décembre. Pendant ces deux périodes, d'importantes précipitations – surtout de mars à mai – tombent sur le Rwanda, notamment sur les montagnes. Pourtant, ce climat n'est pas uniforme dans tout le pays : l'Est est en général plus sec que l'Ouest et le Nord, où s'élèvent à la fois le massif des Birunga et la crête Congo-Nil. Quant aux deux saisons sèches, la grande (*icyi*) dure de juin à début septembre – ce qui coïncide admirablement avec les grandes vacances scolaires dans l'hémisphère Nord et représente la période idéale pour le tourisme – et la petite (*urugaryi*), de décembre à février, période également très favorable au tourisme, car se déroulant pendant les fêtes de fin d'année.
C'est dans le domaine des températures que le climat du Rwanda est le plus original et tranche par rapport à celui des autres pays équatoriaux : l'altitude élevée de tout son territoire tempère la chaleur, et il est rare qu'on y souffre de la canicule. À quelques variantes près cependant : les régions montagneuses de l'ouest et du nord connaissent un climat plus frais que les régions plus basses de l'est (Parc de l'Akagera). Aussi n'est-il pas rare de voir les volcans du nord – surtout le Karisimbi, 4 507 m – se parer, parfois, d'une belle couronne de neige, ou que l'on ait besoin de sortir le pull-over, le soir, à Kigali.
Néanmoins, au bord du lac Kivu, il est possible de se baigner et de bronzer en toute saison, chaleur et soleil étant au rendez-vous en raison de l'altitude plus basse, d'une part, et de l'autre des montagnes qui, en toile de fond, accrochent les gros nuages de pluie.
De l'autre côté du pays, à l'est où les reliefs sont également moins élevés, il faut parfois se méfier du soleil, surtout au bord des lacs qui réverbèrent fortement ses rayons. Et, lors des « safaris-visions » dans le Parc national de l'Akagera, on peut connaître de fortes chaleurs équatoriales.

> Souvent cultivé en altitude, le thé rwandais est d'une qualité très réputée.

> Pays agricole, montagneux et verdoyant au cœur de l'Afrique noire, tel est le Rwanda.

La flore et la faune

Des fleurs multicolores et odorantes, des eucalyptus à la taille de géants, d'immenses plantations de thé ou de café... Tout pousse au Rwanda ! Mais ce décor idyllique ne serait pas complet sans un détour par les réserves naturelles, lieux de vie privilégiés des espèces animales : les derniers gorilles de montagne dans la chaîne des Volcans Birunga (au nord), les chimpanzés et autres cercocèbes à joues grises dans la Réserve naturelle de Nyungwe (au sud-ouest). Quant au Parc national de l'Akagera (à l'est), il est le domaine d'élection des hippopotames, des zèbres et des girafes !

Brasier vermillon des flamboyants en fleurs, buissons violacés des bougainvillées ou rouge écarlate des hibiscus, bleu glacé des jacarandas semblent dresser des haies d'honneur au visiteur étranger débarquant à Kigali. Au hasard de ses promenades dans les avenues de la capitale, dans les jardins de son hôtel ou dans la campagne rwandaise, il gagnera vite une âme de botaniste, tant la flore, sauvage ou soignée et travaillée par l'homme, éclate dans toute sa splendeur. Tout semble y pousser sans contrainte, le climat – ni trop chaud ni trop sec – favorisant aussi bien la floraison de plantes vivaces que l'épanouissement de fleurs plus délicates comme l'orchidée. Rien que dans la Forêt naturelle de Nyungwe, dans le sud-ouest du Rwanda, pas moins de cent espèces d'orchidées ont été référencées.

PETITES LEÇONS DE CHOSES

Dans ce pays où 90 % de la population vit de l'agriculture et dans les champs, on a l'impression de passer ses vacances à la campagne. Mieux, à la montagne, en bénéficiant à la fois d'une cure de chlorophylle et du bon air des cimes. Et d'assister, à chaque pas, à de petites leçons de choses touchant à la botanique tropicale.
Si une majorité d'Européens consomment du café au petit-déjeuner, ou après le repas de midi, combien d'entre eux ont-ils déjà vu pousser les « cerises » de café sur les

> La tombe de Dian Fossey à Karisoke.

DIAN FOSSEY, UNE VIE POUR LES GORILLES

Cette zoologue américaine demeure dans les mémoires comme une figure légendaire des forêts africaines. Née en 1932 en Californie, elle a 30 ans quand elle découvre l'Afrique pour la première fois. Immédiatement, elle entrevoit l'importance des recherches scientifiques déjà entreprises sur les grands singes. Elle ne cessera dès lors de consacrer toute sa vie à la défense des gorilles de montagne. Elle s'installe d'abord au Zaïre puis rapidement au Rwanda. En 1967, elle crée le centre de recherches de Karisoke dans le Parc national des Volcans.
Elle commence alors une lente immersion dans le milieu animal. Jour après jour, elle étudie et répertorie les comportements, les mœurs et l'organisation de ces grands primates. Après trois ans de lente approche, elle réussit pour la première fois dans l'histoire scientifique à toucher la main d'un gorille. Partie en lutte contre les braconniers, elle lance ensuite une grande campagne de sensibilisation dans le monde entier pour sauver les derniers spécimens. Elle est tuée le 26 décembre 1985, dans des circonstances qui n'ont jamais été éclaircies.
En 1986, Michaël Apted porte à l'écran son autobiographie, *Gorilles dans la brume*, avec Sigourney Weaver dans le rôle de Dian Fossey.

arbustes et décortiquer leurs deux noyaux de la pulpe dans les moulins installés dans les plantations ? Même question pour la récolte des feuilles de thé à Byumba, suivie de leur séchage... Sans parler de la pittoresque fabrication de la « bière de bananes » alcoolisée, qui reste l'une des grandes boissons nationales du Rwanda...

La flore sauvage a été préservée dans les parcs nationaux (de l'Akagera, à l'est, et des Volcans, au nord) et dans les trois grandes « forêts naturelles », classées par les autorités : Gishwati (près de Gisenyi et du lac Kivu, au nord-ouest), Mukura, qui la prolonge vers le sud, et Nyungwe, au sud-ouest du pays, qui est désormais considérée comme la plus grande forêt primaire d'altitude en Afrique (900 km^2). Dans cette dernière, le touriste pourra découvrir une grande variété d'orchidées mais aussi plus de deux cent cinquante espèces d'arbres, dont beaucoup sont les refuges de groupes importants de singes (colobes, cercocèbes, cercopithèques et chimpanzés).

Au total, ces terres « protégées » représentent aujourd'hui plus ou moins 7,5 % de la superficie totale du pays. Après 1994, un effort considérable a été fait en vue de leur réhabilitation ; il a fallu redessiner les pistes intérieures et les contours extérieurs, et surtout recréer un écosystème viable. Durant les événements, beaucoup de personnes déplacées y avaient trouvé refuge, et les espèces animales ont subi d'énormes pertes, à cause du braconnage bien sûr, mais aussi de la disparition de leur univers naturel.

Enfin, tout à fait à l'est du Rwanda, à la frontière de la Tanzanie, on aura la surprise de découvrir un paysage de savanes, comme dans les pays d'Afrique Orientale, Kenya et Tanzanie. Dans ces grandes plaines herbeuses, les petits arbustes, comme les acacias, les albizias, les ficus, les euphorbes et les figuiers de Barbarie, viennent rompre la monotonie de la prairie, parcourue par les troupeaux de zèbres, de topis et de buffles. Dans ces régions du Mutara-Mubari, du Buganza et du Gisaka, les lacs sont légion et sont souvent entourés de marécages, domaine d'élection des roseaux et des forêts de papyrus.

> Sur les pentes du Bisoke, le brouillard quasi permanent dans la végétation rend l'atmosphère un peu fantasmagorique.

UN PAYSAGE DE LA PRÉHISTOIRE

Mais une végétation bien plus étrange attend le visiteur au Rwanda, au prix d'un courageux trekking dans les volcans du Nord. À plus de 2 000 m d'altitude, il sera déjà surpris par l'importance et la taille des bambous, qui forment de véritables forêts obscures sur les pentes du Karisimbi ou du Bisoke. Ce n'est qu'un préambule car, au fur et à mesure de la montée, apparaissent également les hagénias, couverts de plantes parasites, puis, à partir de 3 500 à 3 700 m, tout un décor évoquant les

> Que ce soit aux environs du lac Kivu (ci-contre) ou sur les pentes du Bisoke dans la chaîne des volcans, partout la nature témoigne d'une étonnante exubérance.

paysages de la préhistoire, rendu fantastique par l'épais brouillard quasi permanent de la couronne de nuages. Fougères et bruyères arborescentes peuvent y atteindre plus de dix mètres de hauteur, d'où pendent des lichens formant de longues chevelures ; les tapis et les coussins de mousses jaunes ou oranges sont gorgés d'eau comme des éponges. Et, surtout, les lobélies et les séneçons géants, sortes d'artichauts perchés en haut de troncs moussus, sont coiffés de fleurs extraordinaires en forme de bonnets de horse-guards. Tout cela se mirant dans les lacs de cratère aux eaux glauques, dans un silence d'astre mort.

> Un spécimen de gorilles de montagne.

DES GORILLES MENACÉS

Dans ces paysages insolites du Parc national des Volcans, au nord du pays, vivent en complète liberté les fameux gorilles de montagne du Rwanda. Il n'en reste au monde que 650 spécimens

LA RENCONTRE DE DEUX DOS ARGENTÉS

Dans le Parc des Volcans, il arrive parfois que les chefs – les « dos argentés » – se rencontrent sur le même territoire. Cela se termine souvent par des rixes... Voici le récit d'une de ces rencontres telle que l'a relatée la célèbre zoologue Dian Fossey. « Vers la fin de la journée, Oncle Bert suivi de son groupe en ordre dispersé, de Bravado, d'Icare et de Piper, décida de traverser le ravin. Beethoven, devant cette entreprise malavisée et téméraire, lui lança des regards furibonds et s'avança à sa rencontre d'une démarche orgueilleuse, laissant son propre groupe derrière lui. Quand les deux mâles dominants furent à une distance d'un mètre environ l'un de l'autre, ils s'arrêtèrent face à face, détournant le regard. Les gorilles des deux groupes s'immobilisèrent, tendus. Oncle Bert, incapable de supporter la tension, se mit soudain à trépigner, à se battre la poitrine et à écraser la végétation devant lui. Beethoven, qui avait fait preuve jusque-là d'une rare patience, ne put résister à cette provocation. Il chargea avec un rugissement d'indignation. Oncle Bert et son groupe firent immédiatement retraite en poussant des cris hystériques. Beethoven, sans bouger, les regardait avec mépris.

environ, dont près de 350 sur la chaîne des Volcans. Pendant longtemps, méconnus ou complètement incompris, ils furent la proie des chasseurs de grands fauves, venus d'Europe, ou les victimes des braconniers locaux.
En plus des chasseurs qui voulaient ajouter une tête de gorille parmi leurs trophées, les grands primates ont été victimes des zoos ; en effet, pour ramener un petit gorille, il faut souvent exterminer bon nombre d'adultes toujours prêts à le protéger. Résultat : les gorilles auraient complètement disparu de la surface du globe si de grands zoologues, comme Dian Fossey, n'avaient pas fait campagne auprès de l'opinion publique en leur faveur et si plusieurs pays, comme le Rwanda ou le Congo, n'avaient pris des mesures rigoureuses de protection ; ils ont aménagé des espaces qui leur sont réservés pour s'ébattre en toute liberté, comme le Parc national des Volcans.
Une des premières idées reçues mises en pièces par les scientifiques : le gorille n'est pas un monstrueux carnivore, mais uniquement un végétarien, ne se nourrissant que de feuilles, de pousses et de tiges de certaines plantes ainsi que de fruits, de terre riche en calcium et en potassium, d'écorce et de racines (plus rarement de larves et de limaces, voire... d'excréments). Quant à son caractère, il en surprendra plus d'un, le gorille étant d'un naturel doux, voire timide ! Il ne devient agressif que lorsque lui-même ou l'un de ses petits est menacé. Il charge alors l'intrus en poussant des rugissements et en se frappant la poitrine, pour l'intimider.

LES VÉNÉRABLES « DOS ARGENTÉS »

Les naturalistes distinguent deux sous-espèces de gorilles : le gorille des plaines – appelé aussi gorille occidental car il vit au Congo, au Gabon, au Cameroun et en Guinée Équatoriale, formant un groupe d'une dizaine de milliers d'individus sur un vaste territoire – et le gorille de montagne ou gorille oriental, vivant au Rwanda, en RDC et en Ouganda.
Près d'une trentaine de caractères morphologiques séparent les deux espèces : le gorille de montagne vit de préférence à terre, il a des bras plus courts, des mains et des pieds plus petits et plus larges... Par ailleurs, le pelage des gorilles de

À cinq mètres de là, Oncle Bert, enhardi par la distance qui le séparait de Beethoven, recommença ses provocations gestuelles. Dédaigneusement, le vieux mâle fit demi-tour et rejoignit son groupe qui l'attendait sur la crête. À deux reprises, il s'arrêta, feignant de manger des branches de céleri afin de garder un œil sur Oncle Bert. Son jeune fils, Piper, l'avait suivi, mais Icare et Bravado étaient restés en bas de la pente et jetaient des regards nostalgiques en direction du groupe 4. Oncle Bert, maladroitement, fit une tentative pour ramener Bravado au sein du groupe. Beethoven chargea furieusement, provoquant une nouvelle retraite de son adversaire. Il lui fit face longuement puis poussa Bravado et Icare en haut de la pente, jusqu'à ce qu'ils soient hors de vue. Les membres du groupe 5 échangèrent alors des vocalisations exprimant la satisfaction puis s'éloignèrent pour aller chercher de la nourriture. Après quelques instants de répit, le groupe 4 fit de même. »

Gorilles dans la Brume,
Dian Fossey.

> Le Rwanda a pris de vigoureuses mesures afin de préserver la population des gorilles, en leur ménageant des espaces adaptés comme le Parc national des Volcans.

montagne est généralement noir et très doux chez les jeunes ; il blanchit ensuite avec l'âge et, chez les vieux mâles, il devient gris sur le dos ; c'est pour cette raison que les naturalistes surnomment les gorilles âgés les « dos argentés ».

UNE VIE EN GROUPE

L'autobiographie de Dian Fossey, *Gorilles dans la brume*, reste un ouvrage de référence pour tous les zoologues, tant ses observations des gorilles furent longues et minutieuses. Elle décrit ainsi la vie très organisée de ces grands primates : « Les gorilles vivent en unités organisées qu'on appelle des groupes. La composition de ces groupes varie selon les naissances, les morts et l'arrivée ou le départ de certains individus. Chaque groupe peut comprendre de deux à vingt gorilles (la moyenne se situant autour de dix) et se compose traditionnellement d'un mâle adulte à dos argenté de plus de cinquante ans, qui est le chef incontesté et pèse environ cent soixante kilos (c'est-à-dire presque deux fois plus qu'une femelle), d'un mâle jeune à dos noir (sexuellement immature) de huit à treize ans, qui pèse environ cent quinze kilos ; de trois ou quatre femelles adultes de plus de huit ans, pesant environ cent kilos et qui sont généralement les compagnes permanentes du chef et, enfin, de trois à six jeunes de moins de huit ans. Chez les jeunes, on distingue les enfants (de moins de trois ans, pesant de un à quinze kilos), les juvéniles (de trois à six ans, pesant environ cinquante-cinq kilos) et les mâles sexuellement immatures (de six à huit ans, pesant environ quatre-vingts kilos). Par suite de la vie commune des jeunes avec leurs parents et leurs frères et sœurs, les gorilles jouissent d'un type d'organisation familiale solide et sécurisant. Quand le mâle et la femelle approchent de l'âge de la maturité sexuelle, ils quittent souvent leur groupe natal. Il s'agit, peut-être, d'un processus d'évolution tendant à réduire les effets de consanguinité. Il semble pourtant que les individus adultes se séparent du groupe quand ils n'ont pas la possibilité de procréer.»

DES NIDS DE FEUILLES

Comme le remarquent la plupart des naturalistes, les gorilles adorent paresser au soleil, faire la sieste, et ils y consacrent près de la moitié de leur journée. Le reste du temps, ils se déplacent à l'intérieur de leur territoire (une aire de 20 à 50 km^2), à la recherche de nourriture. Végétariens et sélectifs dans le choix de leurs aliments, les gorilles absorbent des quantités considérables de plantes diverses – d'une faible valeur nutritive – pour répondre aux besoins de leurs corps imposants.

Animaux diurnes, ils construisent chaque soir leur nid dans un endroit différent. Les jeunes, dans les arbres, et les adultes, plus pesants, à terre. Ces nids font penser à des baignoires de feuilles prises parmi les végétaux non comestibles mais résistants, comme les lobélies et les séneçons, qui poussent en altitude sur les pentes des volcans Birunga. Les bords des nids sont façonnés avec les tiges recourbées, tandis que les feuilles sont entassées autour et au-dessous du corps de l'animal.

Pendant la saison des pluies – de mi-septembre à mi-décembre et de fin janvier à mi-mai –, les troncs d'arbres creux sont recherchés pour élaborer les nids, alors garnis de mousses et de terre, et occupés par les plus petits gorilles.

Chaque groupe a son propre territoire, et le mâle dominant qui en est le chef veille à ne pas croiser trop souvent d'autres « dos argentés », la rencontre débouchant souvent sur de violentes rixes (voir encadré).

MŒURS DES CERCOPITHÈQUES

Très nombreux dans la Forêt naturelle de Nyungwe, les cercopithèques ont été très bien étudiés par les naturalistes. Voici ce qu'en disent Jean Dorst et Pierre Dandelot dans leur *Guide des grands mammifères d'Afrique* : « Les cercopithèques, éminemment sociables, vivent en bandes comprenant jusqu'à 50 individus... Les bandes d'une espèce peuvent s'associer à celles d'une autre (par exemple, mona, nictitans et cephus) et même avec des cercocèbes et des colobes. Parfois, seuls quelques individus d'une espèce se mêlent à la bande d'une autre. Les troupes peuvent être escortées par des calaos ou des perroquets. En revanche, des individus isolés semblent former une partie constante de la population. Les cercopithèques se déplacent et cherchent leur nourriture en groupe à l'intérieur d'une aire déterminée, qui peut être considérée comme leur territoire, les individus des groupes s'y rencontrent, la défendant activement. Ils semblent suivre des chemins bien déterminés, à peu près à la même heure chaque jour. Ils sont généralement sédentaires, mais parfois vagabondent selon la disponibilité de la nourriture et l'état de maturité de leurs fruits préférés. Chaque unité familiale semble être sous la domination d'un mâle, mais la hiérarchie n'est pas très accusée. Les seules activités sociales entre les différents membres de la bande sont les nettoyages mutuels...

Les cercopithèques ont un vocabulaire étendu ; ils émettent généralement divers grognements et des grondements graves. Avec beaucoup d'expérience, on arrive à différencier la voix des différentes espèces.

Le cri de C.diana a été décrit comme un hurlement, au contraire de ceux de C.ascanius et mona, qui ressemblent à des gazouillis d'oiseaux mêlés de notes sifflées. Les cris d'alarme ou de menace varient du gazouillis à l'aboiement puissant. Quelques espèces comme c.mitis et neglectus sont plutôt silencieuses, tandis que des espèces plus petites, comme mona, sont beaucoup plus bruyantes. Des mimiques et des gestes variés servent aussi de moyens d'intercommunication. Ils baissent les sourcils, lèvent et hochent la tête, ouvrent largement la bouche pour menacer. Leur vue est très perçante et ils ont probablement une bonne vision des couleurs. Leur ouïe est excellente. Le sens de l'odorat est en revanche médiocre, mais leur sert à courte distance, avec la gustation, pour apprécier la qualité de la nourriture. Les cercopithèques manifestent une grande activité tout de suite après le lever du soleil, puis plus tard dans la matinée, enfin tard dans l'après-midi. La nuit, ils se retirent dans des lieux déterminés, arbres ou feuillages épais, qui leur servent d'abri pendant de longues périodes. Les grandes troupes se divisent en unités familiales, chacune ayant son propre dortoir, bien que plusieurs groupes puissent s'installer pour dormir dans le même arbre. Les cercopithèques se nourrissent en premier lieu d'une grande variété de matières végétales... À cette nourriture végétale s'ajoute, dans une certaine mesure, de la nourriture animale, particulièrement des insectes (fourmis) et occasionnellement, mais très rarement, des petits vertébrés et des œufs d'oiseaux. Les cercopithèques dévastent souvent les récoltes, surtout celles de maïs, de bananes, de manioc, et de patates douces. Ils ne boivent pratiquement pas, sauf dans quelques habitats très secs.

La reproduction s'effectue tout au long de l'année. Il n'y a pas de prélude à l'accouplement qui a lieu surtout la nuit. La période de gestation dure environ 6 mois, peut-être un peu plus longtemps. Il n'y a qu'un jeune à la fois, mais on a parfois signalé des jumeaux. Il est porté par la mère qui le soigne jalousement. Quand celle-ci se déplace, le jeune s'agrippe fortement à elle. Le pelage infantile est nettement différent du pelage juvénile. La vue d'un petit avec un tel pelage au pouvoir d'un homme ou d'un ennemi déclenche une réaction violente de la part des adultes, particulièrement des mâles dominants qui s'approchent de l'intrus avec des attitudes menaçantes en même temps qu'ils émettent des cris de colère...

La longévité potentielle dépasse 20 ans et peut aller jusqu'à 30 ans. Les cercopithèques ont peu d'ennemis, sauf quelques grands oiseaux de proie, tel l'aigle couronné... ».

UN LANGAGE : LES « VOCALISATIONS-ROTS »

Selon les zoologues, les gorilles disposent d'un véritable langage pour communiquer entre eux. Ils émettraient 22 sons différents, dont 8 seraient d'un usage fréquent. Les sons les plus puissants – rugissement des mâles et cri perçant des femelles – sont surtout des réactions face aux intrus. Lorsqu'il est effrayé, il dégage également une odeur musquée qui constitue une autre façon de communiquer. En dehors de ces signaux d'alarme, les gorilles, lorsqu'ils sont en paix, au moment de la sieste ou des repas, émettent des vocalisations ressemblant à des rots : « naoum, naoum, naoum », qui provoquent des réponses similaires de la part des autres membres du groupe. Les primatologues rapportent que les gorilles montrent des comportements comme la curiosité, l'effronterie, le plaisir, le mécontentement, l'ennui, l'excitation, la peur, le ressentiment, l'inquiétude, l'affection et l'hostilité. Tout comme les humains...
À noter encore que la période de gestation pour les femelles est d'environ neuf mois, comme chez les femmes. Elles mettent bas tous les quatre ans et donnent naissance à un seul gorillon. Ce dernier tétera sa mère jusqu'à l'âge d'un an et demi mais, auparavant, il aura commencé parallèlement à manger des végétaux, depuis l'âge de deux mois et demi.

DE PETITS SINGES ARBORICOLES

> La vie sauvage s'épanouit...

Appartenant également à l'ordre des primates et lointains cousins des gorilles, toute une série de petits singes – colobes, cercocèbes, chimpanzés et cercopithèques – affectionnent particulièrement la Réserve naturelle de la forêt de Nyungwe, au sud-ouest du Rwanda.
Au total, treize espèces ont été répertoriées, parmi lesquelles figurent celles des cercopithèques qui sont le plus largement représentées et offrent la plus grande variété : depuis le cercopithèque ascagne (ou « pain cacheté ») jusqu'au cercopithèque à diadème (« singe doré » et « singe argenté »), en passant par le mone (cercopithèque pogonius) et par le cercopithèque de l'Hoest.
Vivant en bandes dans les arbres et descendant rarement à terre, les cercopithèques sont des quadrupèdes dotés d'une

→ LES PRIMATES

« Les singes, les humains et les prosimiens tels que lorisidés, galagos du Sénégal et lémurs constituent les 234 espèces de primates, ordre mammifère dont les traits communs évoquent un ancêtre unique, un petit mammifère arboricole qui se nourrissait d'insectes.
Tous les primates ont des caractéristiques comportementales et anatomiques semblables, particulièrement les humains et les chimpanzés qui ont environ 99 % d'ADN en commun.
Les chimpanzés savent utiliser des outils, rient quand on les chatouille, et, si rien ne s'y oppose peuvent vivre jusqu'à 60 ans. Comme bon nombre d'autres espèces de primates, ils sont menacés par la déforestation et ses conséquences : plus les compagnies de négoce du bois abattent d'arbres, plus les chasseurs pénètrent facilement la forêt. Depuis le milieu des années 1980, la chasse à la viande sauvage est une activité lucrative. En 2001, plus d'un million de tonnes a été consommé dans le seul bassin du Congo. »

Article *Primates*
de Richard Mackay

très longue queue qui les aide à évoluer de branche en branche (voir encadré). Ils sont plus petits que les cercocèbes, dont le plus connu à Nyungwe est le cercocèbe à joues grises.
Le manuel des deux zoologues Jean Dorst et Pierre Dandelot, *Le guide des grands mammifères d'Afrique*, reste en la matière un livre de référence. Ainsi, peut-on y lire : « Les cercocèbes, qui vivent en petites troupes de 4 à 12 individus (parfois plus), habitent à l'étage inférieur de la forêt... Tous grimpent facilement aux arbres ; leur queue semi-préhensile peut s'enrouler autour d'une branche, contribuant à l'équilibre de l'animal. Leurs mouvements sont calculés et lents ; ils ont plutôt l'air de marcher que de courir, ce qui contraste avec les mouvements des cercopithèques. Très bruyants, ils poussent des cris aigus, des hurlements et des cris d'appel faisant penser à des ricanements ; ils communiquent entre eux par une grande variété de mimiques, leurs paupières claires et de leur peau glabre autour des yeux leur servant à cet usage. Les cercocèbes se nourrissent presque entièrement de fruits et de graines, même de drupes (noix du palmier à huile) et de noyaux. Ils ne dédaignent pas non plus un peu de nourriture animale. Les cercocèbes sont la proie de l'aigle couronné et du léopard. »
Très pittoresques, les colobes noirs et blancs ont été surnommés les « magistrats », en raison de leur pelage d'un noir de jais et de leurs favoris blancs, qui évoquent les couleurs de la robe d'un avocat ou d'un procureur. Ils vivent exclusivement dans les arbres, généralement près des frondaisons. Très agiles, ils s'élancent d'arbre en arbre et, selon certains naturalistes, leur queue et leurs longs poils joueraient le rôle de parachute.
Vivant en groupes d'une vingtaine d'individus, ils se mettent à aboyer bruyamment ou à grogner quand ils se sentent en danger.

FÉLINS ET PACHYDERMES

Vivant également dans ces forêts rwandaises protégées : des félins, comme le léopard, le serval et divers chats sauvages, de petites antilopes, comme le céphalophe à front noir et le céphalobe à dos jaune, le rat de Gambie, plusieurs variétés d'écureuils, la genette et la civette, etc.
Pour avoir la chance d'apercevoir des éléphants, il faut se rendre au Parc national de l'Akagera, à l'est du Rwanda. En 1975, une vingtaine d'éléphants pris dans la région du Bugesera, au sud de Kigali, furent réintroduits. Aujourd'hui, les conservateurs de l'ORTPN estiment qu'ils sont une soixantaine. Ils sont visibles au cœur du parc, entre les lacs Hago et Kivumba (sur la presqu'île de Nyampiki).
Ces éléphants de savane (*africana*) sont plus grands que les éléphants de forêt (*cyclotis*), leur hauteur au garrot variant entre 2,70 et 4 mètres. Leurs oreilles et leurs défenses sont également plus importantes. Leur ivoire étant très convoité, ils ont longtemps été chassés jusqu'à extinction quasi complète de l'espèce à l'extérieur des périmètres protégés, parcs nationaux ou forêts naturelles du Rwanda et des pays voisins, comme la Tanzanie et le Kenya.

> ...au cœur du parc national de l'Akagera.

DES ÉLÉPHANTS VORACES ET GASPILLEURS

En général, les éléphants sont sociables – à l'exception des vieux solitaires – et se regroupent en troupeaux de dix à vingt individus, menés par une vieille femelle. Alors que leur vue est assez mauvaise, leur odorat et leur ouïe sont au contraire excellents. Il ne faut pas essayer de les approcher de trop près, surtout le vent dans le dos ; le risque est de se

> Le Rwanda, grâce notamment aux espaces protégés du lac Kivu ou du parc de l'Akagera, permet à de nombreuses espèces de vivre et de se reproduire en toute liberté, gazelles, babouins, bubales...

faire charger sans pouvoir se replier assez vite, car l'éléphant peut alors courir à la vitesse de 40 km/h.
Herbivores, ces animaux passent une bonne partie de leur temps à se déplacer pour trouver de la nourriture. Ils ont la triste réputation d'être à la fois voraces et gaspilleurs, n'hésitant pas à déraciner un arbre pour n'avaler qu'une poignée de feuilles ou à saccager des plantations villageoises entières, pour se régaler de bananes ou de maïs.
Dans les savanes de l'Akagera, ils paissent surtout l'herbe et les branches, les écorces ou les racines des arbres. Les femelles mettent bas tous les quatre ans, après une longue gestation qui peut durer deux ans. À la naissance, l'éléphanteau pèse entre 120 et 140 kg et il a près de 90 cm de hauteur au garrot. Adultes à 18 ans environ, les éléphants peuvent vivre jusqu'à 60 ou 70 ans et, plus rarement, au-delà de cent ans.

> Une soixantaine d'éléphants vivent dans le parc de l'Akagera.

LES AUTRES HABITANTS DU PARC

Comme dans les grandes réserves d'Afrique de l'Est, le Parc national de l'Akagera abrite de grands troupeaux de zèbres, les seuls de tout le Rwanda. À la différence des zèbres de Grévy, nombreux au Kenya, ceux du Rwanda (*Equus burchelli*) sont plus petits et pèsent rarement plus de 300 kg. Très sociables, ils se regroupent en troupeaux de cinq à vingt bêtes et se mêlent volontiers aux antilopes sur les mêmes pâturages. Ils se déplacent surtout à la saison sèche pour trouver davantage de nourriture, mais jamais loin d'un point d'eau car ils doivent boire tous les jours. Bruyants, ils communiquent entre eux par une sorte d'aboiement. Leurs prédateurs sont surtout les lions. Mais aujourd'hui ces derniers ont quasiment disparu de l'Akagera, empoisonnés par les éleveurs de bovins qui se sont installés à proximité du parc.
Une autre espèce en voie de disparition : le rhinocéros noir. Tout comme les éléphants, ils ont été pourchassés par les braconniers pour leur corne (mise en poudre, elle est vendue en Asie où elle est considérée comme un aphrodisiaque). Comme l'éléphant également, il a une vue médiocre, mais une ouïe et un odorat excellents. Herbivore, le rhinocéros noir est peu sociable et vit soit en solitaire soit en petit groupe. Il se déplace peu et passe sa journée à se nourrir de feuilles et d'écorce, à se reposer ou à se vautrer dans la poussière. Réputé pour son mauvais caractère, le rhinocéros peut charger sans raison tout intrus, en courant à la vitesse de 50 km/h. Tous les trois ans environ, les femelles mettent bas un seul petit, après 17 à 18 mois de gestation.
Très nombreuses sont les antilopes et les gazelles dans l'Akagera : impalas, ourébies, hippotragues, topis, cobes defassa, sitatungas, etc. Les plus communes sont les petites gazelles impalas et les grandes antilopes topis (damalisques), qui forment un peu partout dans le parc de grands troupeaux. Très gracieux, l'impala fait de très grands bonds – parfois jusqu'à 3 m de haut – pour franchir des obstacles.
Autres habitants du parc : les hippopotames, qui se réfugient dans les lacs, particulièrement dans les forêts de papyrus, les buffles formant de grands troupeaux et les phacochères (sortes de sangliers africains).
Parmi les oiseaux, on remarquera de nombreux rolliers d'Abyssinie (au plumage d'un bleu métallisé), des francolins à pattes rouges, des martins-pêcheurs près des lacs, des marabouts. Et aussi des grues couronnées, beaucoup de pintades et de variétés de canards. Sans oublier, parmi les rapaces, l'aigle-pêcheur au plumage noir et blanc, le curieux bec-en-sabot – grand échassier au bec difforme – et le ravissant gonolek des papyrus multicolore (au dos noir, à la tête jaune et au ventre d'un rouge éclatant).

> Les zèbres sont les habitants privilégiés du parc. Partout leur pelage contrasté et leur crinière en brosse agrémentent le paysage.

L'histoire

Pendant très longtemps, on a identifié l'Afrique de l'Est comme le berceau de l'humanité, mais la découverte par une équipe de chercheurs français de Toumaï, au Tchad, a relancé la polémique. C'est le cas le plus ancien d'hominidé connu à ce jour ; les scientifiques estiment qu'il aurait 7 millions d'années, alors que Lucy n'en aurait que 3,2 millions !

LES TEMPS ANCIENS

Au Rwanda, aucune découverte de fossile humain n'a été faite à ce jour. Mais il est probable que les premiers *Homo Habilis* et *Homo Erectus*, qui partirent à la conquête de l'ancien monde (Europe et Asie) entre 1,9 et 1,5 million d'années, s'aventurèrent également vers l'ouest et le sud de l'Afrique, en particulier au Rwanda. Cet *Homo Erectus* va maîtriser le feu, s'adonner aux premiers rites et lancer les industries acheuléennes de la pierre (entre 1 million et 500 000 années) : en particulier, bifaces au tranchant sinueux et à facettes. Mais aussi des racloirs, des grattoirs, des hachereaux, des lames, des percuteurs, ainsi que divers outils en os et en ivoire taillés.

Les signes les plus anciens de l'occupation humaine remonte ainsi à l'âge de pierre, comme en témoigne le site de Nyirankuba, dans la province de Butare. Les populations vivant de la chasse et de la cueillette ont adapté progressivement leurs outils. Lors de fouilles effectuées dans les années 1960, de très nombreux outils ont également été découverts au Burundi sur le site de Nyarunazi, et représenteraient le stade le plus ancien de l'industrie acheuléenne dans cette région interlacustre.

Le premier âge du fer succède au paléolithique supérieur au premier millénaire avant J.-C. C'est alors qu'apparaît la métallurgie, dont l'existence est attestée au Rwanda par la découverte de fours. Aux témoins de l'activité métallurgique est associée dans toute la région une céramique de tradition *Urewe* : «La poterie mise à jour sur les sites du premier âge du fer dans tous les pays de la région interlacustre se caractérise par son bord biseauté, sa base munie d'une fossette basale et par son décor dont les motifs les plus communs sont des incisions obliques, croisées ou en arête de poisson, des chevrons, des cercles concentriques » (*Regards sur le Rwanda* de Thierry Mesas et Célestin Kanimba Misago).

LA ROYAUTÉ

Si le royaume est unifié depuis le XVe siècle, l'unité politique et culturelle du pays prend racine dans les monarchies du XXVIIIe et du XIXe siècles. Le *mwami*, le roi, toujours tutsi, désignait secrètement un de ses fils comme successeur. Il partageait le pouvoir avec sa mère, qui appartenait à l'un des quatre clans royaux. Seuls les jeunes Tutsis étaient guerriers. À la cour du roi ou d'un grand chef, ils recevaient un entraînement physique sévère et pratiquaient la danse ou la poésie.

Le roi vivait entouré d'une large cour et il était considéré comme un être d'essence divine. Le *mwami*, à la fois souverain et chef des armées, défendait les frontières de son royaume et s'assurait de l'obédience de ses troupes. Il était au cœur de tout un ensemble de savants rituels qui le séparaient du monde profane et qui étaient effectués par les *abirus* (douze prêtres ritualistes). Un code secret, le *bwiru* était connu exclusivement par les *abirus* et ceux-ci pouvaient s'opposer aux décisions du roi, si elles entraient en conflit avec les devoirs sacrés du code. L'autorité royale était symbolisée par un grand tambour sacré (le *kalinga*) qui n'était jamais utilisé, mais qui était transmis de monarque en monarque.

À l'époque, toute la société rwandaise était organisée de façon verticale : chacun appartenait à un lignage déterminé, qui avait fait allégeance à la royauté sacrée, garante mystique de l'unité du pays. Les membres de l'*inzu* (la famille), qui pouvait remonter de trois à cinq générations, avaient les même droits au domaine foncier, au cheptel ou au pâturage. Cette structure clanique était elle-même insérée dans un système administratif à caractère féodal qui reposait sur l'*igikingi*, le fief et l'*ubuhake*, le don de bétail. Le *mwami*, propriétaire de tout le bétail du Rwanda, en octroyait l'usufruit à certaines personnes qui pouvaient le transmettre à d'autres. L'*ubuhake* garantissait la protection du seigneur sur son vassal en contre-partie du travail effectué par le second : l'éleveur confiait sa vache en dépôt au cultivateur qui pouvait alors jouir du lait produit, même si la vache restait toujours la propriété du premier. Sur le plan économique, la vache était un signe de puissance suprême et pouvait s'acquérir soit par l'*ubuhake*, soit par la guerre, soit par le mariage.

Parallèlement à ce système féodal, le pouvoir était très centralisé, reposant sur une forte structure administrative. Le pays était divisé en provinces, districts et sous-chefferies, dirigés par des chefs nommés par le *mwami*. Le « chef de terre » avait la charge de collecter les impôts, en nature et en travail auprès des cultivateurs, et le « chef de bétail » auprès des pasteurs. Cette stricte organisation n'empêcha pas certaines régions du Nord de rester sous l'influence des puissants chefs hutus qui furent toujours en rébellion contre le pouvoir central.

La monarchie tutsie s'est particulièrement consolidée au cours de la seconde moitié du XIXe siècle, avec l'installation de la dynastie Banyiginya et l'arrivée sur le trône en 1853 de Kigeri Rwabugiri (Kigeri IV).

> Henry Morton Stanley (1841-1904), journaliste et explorateur anglais.

LA PÉRIODE COLONIALE

La fin du XIXe siècle marque l'expansion des premières missions catholiques au Rwanda, avec l'arrivée des Pères blancs d'origine française. C'est le préambule à la colonisation pure et simple de ces territoires par les puissances européennes. D'ailleurs, lors de la Conférence de Berlin en 1884-85, toute l'Europe se réunit et se partage officiellement l'Afrique : le Rwanda est attribué à l'empire allemand.

Si l'explorateur Henri Morton Stanley a campé au lac Ihema, à l'est du Rwanda (actuel Parc de l'Akagera), il n'y a pas pénétré. C'est un Allemand, le comte Von Götzen, qui sera le premier Européen à le traverser en 1894 et à être reçu par le mwami Kigeri Rwabugiri. À la tête d'un corps expéditionnaire, il était venu reconnaître les territoires du protectorat allemand, déjà délimités depuis 1890

par un gouvernement installé par le Reich à Dar Es-Salaam (actuelle Tanzanie).
En 1897, l'occupation du Rwanda par des troupes allemandes est effective et ne suscite pas de réaction violente de la part du roi Musinga (celui-ci avait pris le pouvoir par un coup d'État, évinçant le jeune roi Mibambwe Rutarindwa, successeur de Rwabugiri, à sa mort en 1895).
Dès 1899, le découpage administratif du protectorat allemand est modifié, et une petite région Rwanda-Burundi prend place dans le grand ensemble Tanganyika-Kivu.
Avec beaucoup de diplomatie, son commandant, le capitaine allemand Bethe, résidant à Bujumbura, siège de la nouvelle région, obtient l'allégeance du *mwami* du Rwanda et de la reine-mère.
La principale action des Allemands est de raffermir la dynastie et de garantir la sécurité afin de protéger l'installation des missions.
Pendant la Première Guerre mondiale (1914-1918), lorsque les troupes allemandes entrent au Congo belge, les Belges réagissent en occupant à leur tour le Rwanda, le Burundi et d'autres territoires d'Afrique Orientale sous protectorat allemand.
À la fin du conflit, la Belgique, qui s'est solidement installée au Rwanda-Burundi, prétend conserver ces nouvelles acquisitions. Malgré l'opposition de la Grande-Bretagne – également intéressée par ces territoires – le Traité de Versailles de 1919 oblige l'Allemagne à renoncer à toutes ses anciennes colonies, et la Société des Nations, nouvellement créée, place le Rwanda et le Burundi sous le mandat de la Belgique en 1923.
Celle-ci regroupe le Congo, le Rwanda et le Burundi dans une grande union douanière, économique et administrative (1925).

CRÉATION D'UNE ÉLITE TUTSIE « ÉCLAIRÉE »

Les Belges favorisent l'administration indirecte : le roi continue de régner mais son pouvoir est affaibli. L'*ubuhake* et l'*igikingi* sont abolis. Les administrateurs choisissent de s'appuyer sur quelques lignées de l'entourage dynastique tutsi en leur donnant le statut d'élite éclairée. Et bientôt presque tous les cadres de leur administration sont tutsis.
Le colonisateur belge reprend à son crédit (et encourage) les élucubrations pseudo-scientifiques qui consacrent la supériorité des Tutsis et leur donne un sens politique. Rapidement, la société se fige autour de ces catégories ethniques : « C'est essentiellement au nom de la coutume que l'on prétend restaurer qu' "une dichotomie rigide entre " seigneurs tutsis " et " serfs hutus " tend alors à prendre corps dans la vie sociale » (Jean-Pierre Chrétien, *Hutus, Tutsis du Rwanda et du Burundi*). Cette dichotomie n'existait pas auparavant puisqu'un Hutu qui possédait plusieurs têtes de bétail pouvait, de ce fait, être « tutsifié », de même que pouvaient se produire des phénomènes de « détutsification ».
Sous la monarchie, la catégorisation « Tutsi » et « Hutu » correspondait davantage aux ordres existants dans la France d'avant 1789, marquant la différence entre éleveurs et agriculteurs. Le processus d'ethnicisation de la société rwandaise commence ainsi avec l'arrivée des premiers colons européens en 1894 et va en s'accélérant jusque dans les années 1930. En 1935, les Belges instaurent des cartes d'identité qui mentionnent « l'origine » : « Hutu » « Tutsi » « Twa ». Ceux dont on n'arrive pas à déterminer l'origine mais qui sont en bonne santé ont le droit à

CHRONOLOGIE

Le Rwanda en quelques dates

XVe siècle	Le royaume est unifié.
XIXe siècle	Règne du *mwami* tutsi Kigeri Rwabugiri (1865-1895).
1884-85	À la Conférence de Berlin, l'Europe se partage l'Afrique. L'Allemagne et la Belgique jettent leur dévolu sur le Rwanda.
1890	Le Rwanda fait partie (sur les cartes) des territoires africains sous protectorat allemand.
1894	Le comte allemand Von Götzen, premier Européen à traverser le Rwanda.
1900	Les Pères blancs ouvrent leur première mission.
1926	La Société des Nations donne à la Belgique un mandat de tutelle qui prévoit une « mission de civilisation » fondée sur un système d'administration indirecte.
1959-61	Des massacres à caractère génocidaire forcent des centaines de milliers de Tutsis à fuir vers l'Ouganda, le Burundi, le Congo...
1961	Instauration de la République. Grégoire Kayibanda est élu premier président de la République rwandaise.
1963	Des exilés tutsis attaquent aux frontières, ce qui entraîne des représailles massives.
1975	Habyarimana crée le Mouvement Révolutionnaire National pour le Développement (MRND).
1979	La Rwandese Alliance for National Unity (RANU) est créée. Elle devient le FPR, le Front Patriotique Rwandais, en 1987.
1988	Le président Habyarimana est réélu avec 99 % des voix.
1er octobre 1990	Le FPR lance sa première offensive depuis la frontière ougandaise.
Juin 1991	Vote d'une nouvelle Constitution : reconnaissance du multipartisme.
Août 1993	Les accords de paix sont signés à Arusha (Tanzanie).
Décembre 1993	La mission des Nations Unies pour l'assistance au Rwanda (la MINUAR) arrive sur place, censée faire appliquer l'Accord de Paix.
6 avril 1994	L'avion transportant le président Habyarimana et son homologue burundais est abattu à Kigali. Début du génocide.
D'avril à juin 1994	Entre 800 000 et un million de personnes sont massacrées, des Tutsis en très grande majorité et des opposants hutus.
4 juillet 1994	Le FPR reprend la ville de Kigali. Le 17 juillet, il déclare la fin de la guerre, et le 19 juillet, Pasteur Bizimungu est nommé président de la République.
22 juin-22 août 1994	« Opération Turquoise » menée par la France. 3 millions de Hutus (civils, ex-FAR, interahamwe) « fuient » au Congo-Kinshasa.
8 novembre 1994	L'ONU reconnaît le génocide au Rwanda et crée le Tribunal Pénal International pour le Rwanda (TPIR, basé à Arusha) chargé de juger les responsables du génocide.
Août 1998	Les Rwandais envoient plus de 20 000 soldats en RDC.
Avril 2000	Paul Kagame devient président.

l'inscription : « Tutsi ». Ces cartes restèrent en place jusqu'en 1994.
Ces stéréotypes véhiculés pendant une soixantaine d'années ont produit une véritable bombe à retardement. Alors que le monopole de la minorité tutsie ne cesse de se raffermir, la majorité hutue (85 % de la population) développe un complexe d'infériorité plein de rancœur, de frustration et bientôt de haine.

LA DÉCOLONISATION ET LES ANNÉES KAYIBANDA

En 1954, à l'issue des élections législatives, une nouvelle coalition de centre-gauche arrive au pouvoir en Belgique. Le nouveau gouvernement décide d'entreprendre simultanément la décolonisation au Burundi et au Rwanda.
En 1956, le *mwami* Rudahigwa appelle à l'indépendance et au retrait total des Belges.
Dans ce nouveau contexte, la masse hutue, politisée par l'administration coloniale et l'Eglise, a progressivement développé des velléités de prise de pouvoir.
En 1957, les leaders hutus adressent au *mwami* un manifeste en forme de réquisitoire politique et social ; suite à la publication du Manifeste des Bahutus, différents partis politiques voient le jour, dont le Mouvement Social Muhutu (MSM) créé par Grégoire Kayibanda.
Deux ans plus tard, il devient le PARMEHUTU, Parti du mouvement de l'émancipation hutue.
En juillet 1959, le roi meurt à l'hôpital de Bujumbura, au Burundi, dans des circonstances non élucidées. Son successeur Kigeli V investi le 9 octobre, prendra le chemin de l'exil 2 ans plus tard.
Ainsi dès le mois de novembre, les premiers massacres de Tutsis ont lieu, et quelque 300 000 Tutsis fuient vers les pays voisins, l'Ouganda, le Burundi et le Congo. C'est la première vague importante de réfugiés.
Le 28 janvier 1961, tous les bourgmestres et conseillers communaux sont convoqués à Gitarama (fief de naissance de Kayibanda) et la République est proclamée. Le PARMEHUTU remporte les élections législatives de septembre.

→ RELATIONS HOULEUSES AVEC LE VOISIN CONGOLAIS

Si depuis 1965, Mobutu régnait en maître absolu sur l'immense territoire zaïrois, les événements au Rwanda vont changer la donne. Durant l'été 1994, des dizaines de milliers d'interahamwe (milices hutues) et d'ex-FAR (soldats des Forces Armées Rwandaises) fuient en masse de l'autre côté de la frontière, côté congolais. Ils intimident les réfugiés hutus, regroupés dans des camps après avoir fui devant l'avancée du FPR. Ils commencent à mener des attaques au nord du Rwanda et la sécurité du pays est mise en péril. C'est alors qu'une rébellion armée, massivement soutenue par le Rwanda et l'Ouganda, éclate dans le Sud-Kivu. Composées en majorité de Banyamulenges (Tutsis d'origine rwandaise installés dans l'est du Congo), les troupes de l'Alliance des Forces Démocratiques du Congo-Zaïre (AFLD), dirigées par Laurent-Désiré Kabila, attaquent les camps de réfugiés rwandais et s'emparent progressivement de toutes les grandes villes du pays. Mobutu est battu et Kabila entre le 17 mai 1997 à Kinshasa. Il rebaptise le pays « République Démocratique du Congo ».
Mais un an plus tard, Kabila se retourne contre ses anciens alliés

Grégoire Kayibanda est élu président de la République. Sur proposition de la Belgique, l'ONU fixe au 1er juillet 1962 la date de l'Indépendance nationale du Rwanda et du Burundi.
Les années Kayibanda sont marquées par une exacerbation des conflits ethniques. Le président instaure une politique de quota : estimés à 9 % de la population, les Tutsis ne peuvent représenter plus de 9 % des étudiants et des travailleurs.
Puis, entre 1963 et 1964, des milliers de Tutsis sont tués en représailles des incursions de Tutsis venus du Burundi. Des centaines de milliers de Tutsis prennent de nouveau le chemin de l'exode.
Les divisions ethniques cachent une autre ligne de fracture qui divise le pays : l'opposition entre les Hutus du nord, tenus à l'écart par le pouvoir en place et les Hutus du sud, qui forment un clan autour du président. C'est ainsi que le 5 juillet 1973, Kayibanda est renversé par le « nordiste » Juvénal Habyarimana.
Suite à ce coup d'État, la Seconde République est mise en place. Le nouveau chef de l'État promet de « réunir la nation » et s'engage immédiatement à garantir la sécurité des Tutsis.

LES ANNÉES HABYARIMANA

Pendant quelques années, au moins jusqu'au milieu des années 1980, les tensions semblent apaisées.
À la tête d'un gouvernement plutôt modéré, Habyarimana rétablit la paix et la stabilité au pays.
Les Tutsis sont toujours exclus des postes politiques. Pourtant, chez beaucoup, la haine et la frustration vis-à-vis de ces derniers sont encore bien vivaces.
En 1975, Habyarimana crée le Mouvement Révolutionnaire National pour le Développement (MRND) et seul candidat à la présidentielle, il est triomphalement élu en décembre 1978, puis à nouveau en décembre 83 et 88 avec 99,98 % des voix.
En 1979, un groupe d'exilés rwandais réfugiés à Nairobi (Kenya) crée la RANU (Rwandese Alliance for National Unity – Alliance Rwandaise pour l'Unité Nationale) qui

rwandais. En 1998, des miliciens interahamwe perpètrent un attentat contre un bus à Gisenyi : 200 personnes sont brûlées vives. Le Rwanda envoie alors 23 000 soldats en RDC. C'est le début de la guerre civile totale : les Rwandais et les Ougandais soutiennent la rébellion anti-Kabila (principalement le RCD-Goma) à l'est du pays et l'Angola et le Zimbabwe se rangent du côté de l'AFLD, qui elle-même a recruté dans ses rangs d'anciens génocidaires.
Le 30 juillet 2002, à Pretoria, un Accord de Paix est enfin signé entre les deux pays. Le Rwanda s'engage à retirer toutes ses troupes (ce qui a été officiellement réalisé depuis le 5 octobre 2002). En contrepartie, le président congolais doit désarmer et démobiliser les ex-FAR présents dans son armée. Mais au début de l'année 2003, le rapatriement des exilés qui se fait sous le contrôle de la MONUC (Mission des Nations Unies pour le Congo), n'en est qu'à ses premiers balbutiements. Le Rwanda estime à près de 50 000 le nombre des anciens combattants présents de l'autre côté de la frontière, alors que les Congolais n'en recensent officiellement que 4 000. La situation intérieure au Congo est encore à ce jour extrêmement confuse.

deviendra le 27 décembre 1987 à Kampala (Ouganda) le FPR (Front Patriotique Rwandais).
À l'aube des années 1990, le FPR, dirigé par Fred Rwigema dispose d'une aile militaire, l'APR (Armée Patriotique Rwandaise) qui est une véritable armée organisée, entraînée et disciplinée.

LES ÉVÉNEMENTS DE 1990 À 1994

L'année 1990 représente un tournant important dans l'histoire politique contemporaine du Rwanda. L'économie est en crise et le pays au bord de l'asphyxie. Le FPR profite de ce moment de fragilisation du régime pour lancer une offensive le 1er octobre 1990 : c'est la première tentative d'un retour en force des réfugiés tutsis (ils sont alors entre 600 et 700 000 dans les pays voisins).
En représailles, le gouvernement entame une campagne d'arrestations massives à Kigali (Tutsis éduqués et Hutus contestataires), et l'on commence à obtenir des informations sur des massacres de civils dans les campagnes.
Mais la France vole au secours d'Habyarimana et lance l'opération « Noroît » : l'attaque du FPR est mâtée en moins d'un mois.
Suite à cette tentative manquée, Paul Kagame continue de structurer le FPR, alimenté financièrement et en hommes par les émigrés tutsis des quatre coins de la planète. En 1992, le FPR est fort de 12 000 hommes.
Dans ce climat de guerre civile, la nouvelle Constitution de juin 1991 instaure le multipartisme, et rapidement plusieurs partis d'opposition mettent à mal la légitimité d'Habyarimana. En 1992, la CDR, Coalition pour la Défense de la République, est créée.
Ce parti hutu ne cesse de harceler le MRND, se situant à sa droite, ainsi que le régime qu'il accuse de mollesse vis-à-vis du FPR. Alors que le début de l'année 1992 est marquée par de violents massacres de Tutsis dans la région du Bugesera, un accord de cessez-le-feu est signé au mois de juillet à Arusha, en Tanzanie.
Finalement, après une longue période de négociation, l'Accord de Paix d'Arusha est ratifié le 4 août 1993.
Il comprend l'instauration d'une Assemblée Nationale de

→ « TERRE DE TOUS LES NOMS »

Poème de Nocky Djedanoum. Originaire du Tchad, il est le directeur du festival de littérature africaine Fest'Africa, à Lille. Ce recueil de poème s'intègre dans le projet collectif « Rwanda : écrire par devoir de mémoire » qui a regroupé plusieurs écrivains africains.

(...) Plus les distances s'étiraient / plus je me rapprochais de cette terre natale
Depuis ce jour d'avril 1994
Où le soleil a éclipsé derrière les collines sans crier gare
Jetant les miens au tranchant de la nuit sans cœur
La terre de mes rêves
Est devenue terre que je peine à nommer.
J'ai rêvé d'une terre
Où les crêtes des bananiers s'enorgueilliront au soleil
J'ai rêvé d'une terre
Où la barbe blonde du maïs magnétisera l'amante qui doute
J'ai rêvé d'une terre
Où la parole enfin explosera comme un volcan
Longtemps endormi (...)

Nyamirambo, éd. Le Figuier.

transition, d'un Gouvernement d'Union nationale et la mise en place de Forces armées unies.
Les signataires demandent à l'ONU le déploiement d'une force de surveillance militaire neutre pour faire appliquer le traité.
En décembre 1993, les troupes françaises de l'opération « Noroît » quittent le Rwanda et la mission des Nations Unies pour l'assistance au Rwanda (la MINUAR) se met en place. Pendant ce temps-là, les extrémistes hutus se déchaînent et la RTLM (Radio-Télévision Libre des Mille collines) envoie des messages d'appel à la haine.

LE GÉNOCIDE

Le 6 avril 1994, à 20 h 30, le Falcon 50 qui transportait Habyarimana et le président burundais Ntaryamira (de retour de Tanzanie), est abattu à Kigali.
Deux missiles ont été tirés d'un point situé sur le périmètre de l'aéroport. Il explose immédiatement et ne laisse aucun survivant.
À ce jour, personne ne peut dire qui a tué Habyarimana, ni même exactement pourquoi. Ce qui est certain toutefois, c'est que le crash est immédiatement suivi des premiers massacres.
En quelques heures, des barrages routiers tenus par des miliciens sont mis en place dans les rues de Kigali. Des listes de « Tutsis importants » et d'opposants hutus à éliminer sont dressées.
L'une des premières cibles : le nouveau Premier ministre, Agathe Uwilingiyimana, hutue modérée, ainsi que son mari. Plus tard, les dix casques bleus belges qui assuraient sa protection sont tués à leur tour. De 2 500, la force onusienne passe ensuite à 250 hommes.
Un gouvernement provisoire est nommé dans la nuit du 7 au 8 avril. Les représentants extrémistes des partis d'opposition y sont représentés.
En 100 jours, d'avril à juin 1994, le génocide fait près d'un million de morts, des Tutsis en très grande majorité mais aussi des opposants hutus. La participation massive de la population au génocide n'est pas un mécanisme facile à décrypter : elle repose à la fois sur la « croyance en une idéologie qui justifie par avance ce que vous allez faire » et sur « l'obéissance, à la fois à l'autorité politique de l'État et à l'autorité sociale du groupe. » (*Rwanda 1959-1996. Histoire d'un génocide* de Gérard Prunier).

LA VICTOIRE DU FPR

Pendant toute cette période, les forces du FPR poursuivent la guerre et progressent par le nord. La capitale est reprise le 4 juillet. Devant l'avancée du FPR, les Hutus fuient massivement le pays, encadrés par les miliciens interahamwe (voir encadré sur la RDC).
L'exode massif de juillet et août chasse du pays un peu plus de 3 millions de Rwandais sur une population d'environ 7 millions. Dans les camps de réfugiés, la situation humanitaire est catastrophique et une épidémie de choléra se propage dans le camp de Goma, au Congo.
Dès le 17 juillet, tout le pays est contrôlé par le FPR, à l'exception de la « zone humanitaire sûre » installée par la France dans le sud-ouest au début du mois, sous mandat de l'ONU.
En poursuivant son opération « turquoise » jusqu'à la fin du mois d'août, la France est accusée d'avoir couvert la fuite des génocidaires.
Le 18 juillet, le FPR annonce la fin de la guerre et déclare le cessez-le-feu.

Le 19 juillet, un nouveau gouvernement d'Union nationale est investi : Pasteur Bizimungu, une figure importante parmi les « Hutus du FPR » est désigné président de la République et Paul Kagame devient vice-président et ministre de la Défense.
Mais le pays est exsangue : en trois mois, 15 % des habitants ont péri dans le génocide et la guerre civile et 40 % de la population a dû s'exiler.
À la fin du mois de juillet, le conseil de sécurité de l'ONU parvient finalement à un accord et envoie une force internationale.
Les forces de l'ONU restent en place jusqu'en mars 1996 et à la fin de l'année, les réfugiés rentrent massivement, 1 200 000 du Congo, 500 000 de Tanzanie.

L'ÈRE KAGAME

En févier 2000, Pasteur Bizimungu démissionne.
Paul Kagame, le véritable homme fort du régime, devient président de la République, à la tête d'un gouvernement d'Union nationale.
Le 19 avril 2002, Pasteur Bizimungu est arrêté et accusé d'atteinte à la sûreté de l'État.
Le régime « d'exception » mis en place en 1994 doit prendre fin en cette année 2003. Une nouvelle Constitution a été adoptée par référendum et la première élection présidentielle au suffrage universel depuis 1994 est d'ores et déjà fixée.

Les hommes

Aujourd'hui, le pays est habité par un peu plus de 8 millions de personnes. Et neuf Rwandais sur dix vivent et travaillent à la campagne. Autant dire que dans ce petit pays de 26 338 km², la pression démographique est énorme. Avec une densité de 310 hab/km², le Rwanda détient le record en Afrique !

L'EXPLOSION DÉMOGRAPHIQUE

D'après les chiffres du dernier recensement réalisé en août 2002, le Rwanda abrite aujourd'hui un peu plus de 8 160 000 personnes. Comparé à ses proches voisins, ce nombre reste très modeste : Ouganda, 24 millions ; Tanzanie, 36 millions ; Kenya, 31 millions ; République Démocratique du Congo, 52 millions. Mais si l'on prend en compte la densité, le Rwanda est de loin le leader incontesté de toute l'Afrique, avec 310 hab/km², laissant loin derrière lui le géant congolais (23 hab/km²) et même le petit État du Burundi (253 hab/km²). Avec une croissance démographique moyenne de 2,9 % par an, le Rwanda se situe également dans la liste des pays en tête. En 50 ans, la population du pays a été multipliée par quatre ! C'est après la Deuxième Guerre mondiale que la démographie du Rwanda aborde un véritable tournant. Car, jusqu'à la fin des années 1940, le pays connaît beaucoup d'épidémies et de famines ainsi que de nombreuses vagues d'émigration qui empêchent tout accroissement de sa population. Dans les années 1950, les conditions sanitaires du pays s'améliorant, la mortalité due aux épidémies diminue. On assiste également à une reprise de la natalité. Entre 1953 et 1958, c'est le « boom » démographique, avec un taux annuel de croissance de + 3 %, qui va encore s'accélérer après l'indépendance et l'instauration de la République (+ 3,6 % de 1964 à 1966).
Selon une enquête démographique de santé effectuée en 2000, l'indice de fécondité a fortement décliné depuis 10 ans. Alors qu'il atteignait 8,5 enfants par femme en 1983, il est aujourd'hui de 5,8. Mais ce taux est encore extrêmement élevé, et il est certain que la population continuera de progresser dans les deux prochaines décennies. Même si des plannings

→ NOUVEAU DÉCOUPAGE ADMINISTRATIF

Depuis décembre 2000, le Rwanda est organisé suivant un nouveau découpage administratif : les préfectures sont devenues des provinces (il en existe 11, en plus de la ville de Kigali). Chaque province est découpée en districts, secteurs et cellules (regroupant quelques dizaines de familles). À l'occasion de cette réforme administrative, l'étendue des villes s'est considérablement élargie ; il faudrait désormais parler davantage d'agglomération ou de conurbation, la notion de « ville » englobant des zones encore rurales. Ces précisions sont importantes pour comprendre les résultats du dernier recensement, réalisé en août 2002. Ainsi, tout au long de cet ouvrage, nous serons amenés à citer des chiffres comprenant à la fois la ville et ses environs.

familiaux ont été créés, ils restent très peu fréquentés, et le taux d'utilisation d'un contraceptif a baissé ces dix dernières années. Enfin, comme dans tous les autres pays africains, la population du Rwanda est également très jeune : 55 % de la population a moins de 20 ans.

LE LOURD TRIBUT DE L'HISTOIRE

Les dynamiques de peuplement au Rwanda ne peuvent se comprendre sans prendre en compte la tragédie de l'histoire récente (voir le chapitre « Histoire »). D'après l'ONU, le génocide aurait fait de 800 000 à un million de morts, des Tutsis pour la très grande majorité mais aussi des opposants hutus.

Depuis la fin des années 1950, le pays a été marqué par d'importantes vagues de déplacement de populations. Pour fuir les premiers massacres (1959-1963, 1973), beaucoup de Tutsis se sont réfugiés vers les pays limitrophes (Burundi, Ouganda, Tanzanie, République Démocratique du Congo). Mais depuis 1994, plus de 900 000 exilés tutsis sont revenus au pays. Très peu sont rentrés dans leur campagne, préférant s'installer en ville, en particulier dans la capitale. À Kigali, trois personnes sur quatre n'habiteraient pas là où elles vivaient avant la guerre. Un récent mélange qui augmente la diversité linguistique : beaucoup d'exilés anglophones sont revenus de Tanzanie et d'Ouganda et aujourd'hui, l'anglais est langue nationale au même titre que le français et le kinyarwanda. La diaspora rwandaise représente toujours près de 800 000 personnes disséminées aux quatre coins du monde.

Entre avril et juillet 1994, près de 3 millions de Hutus avaient fui vers le Congo et la Tanzanie, devant la progression du FPR (Front Patriotique Rwandais). Autant sont revenus à partir de novembre 1996.

Les récents événements ont totalement bouleversé la structure familiale. Après la guerre, beaucoup de jeunes et de femmes se sont retrouvés chefs de famille. Aujourd'hui, les femmes représentent 52,3 % de la population et un quart d'entre elles doivent assumer seules les charges du ménage. Plus de 20 % sont veuves, les autres ont leur mari en prison.

Autre conséquence directe des tragiques événements : la propagation du sida. On estime à 400 000 le nombre de Rwandais infectés par le virus (dont environ 30 % de femmes à Kigali et près de 17 % d'entre elles dans les zones rurales) alors que la prévalence n'était que de 1,3 % en 1986. Malgré les grandes campagnes lancées en faveur du préservatif, les mentalités évoluent difficilement et le taux de sida risque d'augmenter dans les prochaines années.

Le secteur médical peine aussi à se restructurer et la mortalité infantile reste très élevée : 130 pour 1000 naissances. Aujourd'hui, l'espérance de vie s'est stabilisée autour de 49 ans.

UNE MAJORITÉ DE RURAUX

Neuf personnes sur dix vivent à la campagne. Autant dire que, dans ce petit pays de 26 338 km^2, la pression démographique est énorme. Parcourant les routes vallonnées du pays, on est surpris de ne trouver aucune terre en jachère, même dans les endroits les plus escarpés : 95 % des terres fertiles sont en pente. Chaque lopin de terre est utilisé et la superficie moyenne de l'*urugo* (exploitation agricole) n'excède pas 0,8 ha.

Face à cette raréfaction des terres cultivables, la tentation est grande de grignoter sur les parcs nationaux. À la fin des années 1980, les espaces protégés représentaient encore

> En cinquante ans, la population du Rwanda a été multipliée par quatre !

> La culture du thé fait vivre une majorité de Rwandais.

10 % de la superficie totale, aujourd'hui la proportion a chuté à 7,5 %. Le Parc national de l'Akagera (à l'est du pays) a été rogné d'un tiers de sa surface et certaines forêts à l'ouest du pays ont été totalement déboisées. Pour essayer de maintenir ces espaces protégés, le gouvernement, soutenu par des ONG internationales, a mis en place des plans d'aides aux paysans qui cultivent la terre à la lisière de ces parcs.

LES PEUPLES DU RWANDA

La population du Rwanda parle le kinyarwanda, une langue de souche bantoue. Dans le Rwanda précolonial, il existait trois groupes sociaux appelés Bahutu, Batutsi et Batwa, termes souvent réduits à leur seul radical Hutu, Tutsi, Twa (terminologie que nous utiliserons). Avec l'arrivée des Européens au début du XXe siècle, ces distinctions sociales ont pris un autre sens : les spéculations, plus idéologiques que scientifiques, de certains explorateurs ont consacré la répartition de ces trois groupes en castes, races puis ethnies. Par le mot « ethnie » (qui vient du grec « ethnos » : peuple, nation), on entend un « ensemble d'individus que rapprochent un certain nombre de caractères de civilisation, notamment la communauté de langue et de culture ». Or, au Rwanda, Hutus, Tutsis et Twas ont toujours parlé la même langue et honoré les mêmes dieux. Ils habitent ensemble sur les mêmes collines et se marient entre eux.
Les spécialistes de la région s'entendent à nier la pertinence de notion d'ethnie homogène au Rwanda. Ce phénomène progressif et récent – sous la colonisation – de différenciation ethnique et d'exacerbation d'un antagonisme entre communautés hutues (majoritaire à

85 %), tutsies (14 %), et twas (1 %) relève plus d'une construction politique et sociale que d'une réalité culturelle. Mais les faits sont là : les populations ont intériorisé les « catégories » ethniques et se sont affrontées en leur nom.
Il reste difficile de dater et d'identifier les vagues de peuplement du Rwanda, car l'histoire s'est construite sur la tradition orale, soumise à toutes les interprétations possibles. On a coutume de retenir que des fermiers d'origine bantoue se sont installés dans un espace occupé par les pygmées, vers 700 avant J.-C. Ensuite, vers le Xe ou le XIVe siècle, suivant les sources, sont arrivés des éleveurs issus du nord ou du nord-est de l'Afrique.

> Au Rwanda, neuf personnes sur dix vivent à la campagne.

Religion, traditions, culture

Les rites et les divinations animistes ont progressivement disparu sous la pression des missionnaires catholiques. Installées au Rwanda au début du xxe siècle, les premières missions catholiques ne vont cesser de s'accroître jusqu'à devenir un véritable État dans l'État. Aujourd'hui, les Rwandais sont encore très majoritairement chrétiens, mais la religion musulmane se développe.

RITES DE DIVINATION

Avant l'arrivée des premiers missionnaires chrétiens venus d'Europe, la religion traditionnelle des Rwandais – comme celle de la plupart des peuples africains – était l'animisme. Ils croyaient en un être suprême, créateur de l'univers : *Imana*. D'autres personnages surnaturels, les ancêtres, jouaient un rôle important auprès des vivants : ils étaient chargés de les protéger des esprits maléfiques, à condition que les vivants les vénèrent et leur rendent un culte. En cas d'oubli, l'ancêtre risquait de se venger en infligeant à l'individu, ou à toute sa famille, des punitions, comme la maladie ou de mauvaises récoltes.

D'autres cultes se superposaient à celui des ancêtres : celui rendu à *Lyangombe* (le *Kubandwa*, où les initiés étaient protégés par les compagnons de cette divinité, les *imandwas*), ou celui rendu à l'esprit féminin *Nyabingi*, qui accordait sa protection par l'intermédiaire d'une sorte de prêtre-médium, le *mugirwa*.

Parmi les traditions rwandaises, il fallait compter autrefois la divination (*kuragura*) ; des hommes et des femmes âgés faisaient fonction de devins (*umupfumu*) et étaient chargés de consulter les ancêtres. Car, selon la croyance vieille de plusieurs siècles, tout être humain vivant entrait dans le monde des ancêtres après sa mort. À ce moment, son corps visible (*umubiri*) disparaissait et libérait son ombre invisible (*umuzimu*) – ou esprit du mort – qui continuait d'intervenir dans le monde des vivants. En bien ou en mal, selon que ces derniers respectaient les traditions ou transgressaient les tabous.

Pour se concilier les bonnes grâces de leurs ancêtres défunts, les vivants devaient leur offrir des sacrifices et des libations. À travers ces sacrifices, ils pouvaient savoir si les récoltes seraient bonnes ou mauvaises ou si leurs épouses seraient fécondes ou stériles. Mais le plus souvent, le simple paysan rwandais n'était pas capable d'interpréter tout seul le message des ancêtres et devait alors recourir aux devins. Ceux-ci avaient à leur disposition plusieurs techniques, dont l'une des plus classiques était l'interprétation des viscères de poulets (en cela, ils n'exerçaient pas un métier différent de celui des haruspices de la Rome antique).

Plus curieuse était l'interprétation de la salive du consultant, mêlée à de la graisse et placée sur une languette allant au feu.

Autre technique insolite de divination : l'interprétation de la vitesse à laquelle deux petites mottes de beurre fondaient lorsqu'elles étaient plongées dans l'eau bouillante !

Lorsqu'un homme était malade, il allait également consulter le devin car il pensait être possédé par l'esprit d'un ancêtre en colère. Le devin avait alors la tâche de l'identifier et de le sortir du corps du consultant par des rites d'exorcisme. Il pouvait aussi le protéger contre les mauvais esprits en lui fabriquant des amulettes.

Autre fonction de ces devins traditionnels : dépister les voleurs, hantise des paysans et des éleveurs de bétail, qui leur réservaient souvent des châtiments féroces. Les devins fabriquaient alors pour leurs clients des poudres magiques dont ils remplissaient les cornes d'antilopes, censées repousser les malandrins.

Par ailleurs, dans le culte animiste de *Nyabingi* (esprit féminin), des prêtres et des prêtresses avaient pour fonction de faire accoucher sans incident les femmes enceintes, de rendre fécondes les épouses stériles et de favoriser les bonnes récoltes.

Comme on le verra dans le chapitre « Site par site » et plus particulièrement la ville de Nyanza, les fameux danseurs *Intores* perpétuent la tradition en s'illustrant dans les festivals de folklore du monde entier. Ces danseurs étaient attachés à la cour des anciens monarques du Rwanda, non avec le statut d'artistes, mais en tant que guerriers faisant partie de la garde rapprochée du *mwami* (roi). Car les danses étaient en fait des exercices guerriers, où chacun s'entraînait au maniement des armes contre un ennemi imaginaire. Ces ballets, composés de figures violentes, représentaient l'une des disciplines de la longue formation de ce corps d'élite, comparable aux samouraïs japonais. Le recrutement des danseurs était particulièrement sélectif : on ne prenait parmi tous les jeunes gens nobles que les « meilleurs « (*Intores*).

> Danseur Intore.

L'ÉGLISE CATHOLIQUE

Pendant des années, le Rwanda a été considéré comme un « modèle chrétien ». Ses laudateurs soulignaient à l'envi la religiosité et la piété des paysans rwandais. Mais surtout, l'Église catholique formait un véritable État dans l'État, puissant et influent. À l'aube des années 1990, la haute hiérarchie de l'Église était intimement liée au régime d'Habyarimana et le pape Jean-Paul II était reçu en grande pompe.
Pour comprendre l'importance de la puissance de l'Église au Rwanda, il convient de revenir au début du XXe siècle, au moment des premières missions. Les Pères blancs, originaires de France, sont les premiers à pénétrer au centre de l'Afrique, resté jusqu'alors à l'écart de toute œuvre missionnaire. Ils arrivent au Rwanda en 1899. La Société des Missionnaires d'Afrique fondée en 1868 à Alger, par Monseigneur Lavigerie, archevêque d'Alger, prône l'assimilation. En se fondant à la population locale, les Pères blancs trouvent rapidement leur place sur les collines. L'administration allemande les laisse tranquilles, veillant simplement à leur sécurité. Dans ce contexte, l'Église catholique a tout le loisir de se développer. Mais elle prend son véritable essor quand le Rwanda est placé sous le mandat des Belges en 1923. Poussée par la nouvelle administration coloniale, l'élite tutsie se rallie au catholicisme dans les années 1930. Cette évolution s'accélère lors de la destitution du roi Musinga qui se bat pour préserver l'unité de son pays. Il est déposé en 1931. Son successeur, Mutara Rudahigwa, renforce les liens avec l'Église catholique.
Il est baptisé en 1943. S'ensuit alors dans le pays une période de conversion de masse.
Pourtant, dans les années 1950, le vent tourne et la hiérarchie catholique commence à soutenir une contre-élite hutue. Influencés par la nouvelle doctrine sociale de l'Église qui voit le jour dans les années 1930, les missionnaires se rangent du côté des paysans, de la « masse des opprimés ». La journaliste belge Colette Braeckman, spécialiste de la région, avance également cette autre explication : « Les Pères blancs, souvent des Français dans les premières années, ont cédé la place à des Flamands, qui se sentent proches de ces petits paysans opprimés, méprisés, et ils sont relativement mal à l'aise avec les Tutsis, dont ils redoutent la verve et l'ironie. Cette nouvelle génération de missionnaires transpose volontiers au Rwanda les combats menés en Belgique par le mouvement flamand : l'indépendance du pays a été le fait de la bourgeoisie francophone, qui, dans les premières années, a occupé tous les postes importants. Les Flamands se souviennent toujours de leur marginalisation politique et culturelle, du fait que durant la guerre de 1914-1918 des soldats qui ne parlaient que le patois flamand ont dû obéir à de fringants officiers qui s'exprimaient en français. » Ainsi soutenue par le colonisateur belge et l'Église catholique, la majorité hutue prend le pouvoir en 1961 (voir le chapitre « Histoire »).

> **La cathédrale de Butare ....**

> ...et la célébration de la messe.

Sous les deux Républiques, l'Église, très hiérarchisée et structurée, continue de jouer un rôle essentiel. Elle a le quasi-monopole de l'instruction, et elle construit aussi des hôpitaux, développe l'artisanat, ouvre ses portes aux hôtes de passage. Premier propriétaire foncier, premier employeur et premier investisseur après l'État, l'Église représente à la fin des années 1980 une puissance économique et sociale majeure au Rwanda. Et les liens avec le pouvoir ne cessent de se renforcer.

Pendant le génocide, des églises, comme beaucoup d'autres lieux publics, ont été le théâtre de massacres. Aujourd'hui, quelques-unes d'entre elles sont devenues des mémoriaux et les cultes n'y sont plus célébrés. L'Église a publiquement demandé pardon le 8 février 2000 pour ce volet tragique de son histoire au Rwanda.

Aujourd'hui, on estime que 60 % des Rwandais appartiennent toujours à l'Église catholique et 20 % à l'Église protestante. Mais depuis quelques années, on voit apparaître de plus en plus de « sectes » et de mouvements religieux appartenant à l'Église réformée : le Zion Temple et l'Église baptiste, adventiste, pentecôtiste, évangéliste, ou épiscopale. Sans pouvoir réellement chiffrer ce nouvel engouement, ces mouvements stigmatisent la « faillite » des grandes Églises.

L'ISLAM, UNE MINORITÉ QUI SE DÉVELOPPE

Dans le Rwanda de l'après-génocide, on a vu se développer un islam modéré, d'obédience sunnite. Malgré l'absence de chiffres officiels, les musulmans seraient entre 5 et 10 %. Importée de la côte de l'océan Indien par les commerçants arabes dès le XIIe siècle, la foi musulmane a pénétré l'intérieur du continent à la faveur des grandes missions d'exploration. Aux descendants des serviteurs recrutés au sein des tribus côtières, s'ajoutent aujourd'hui les nouveaux convertis et les communautés indo-pakistanaises présentes dans le commerce (comme partout en Afrique).

L'islam rwandais est sorti renforcé des récents événements et s'est construit sur la cendre des ethnies. Restés neutres pendant les massacres, beaucoup de musulmans ont caché et sauvé des Tutsis. Le récent développement de l'islam est lié également aux retours massifs d'exilés tutsis du Burundi voisin, généralement d'obédience musulmane. À Kigali, on compte une douzaine de grandes mosquées et un centre culturel islamique inauguré en 1985 par le colonel Kadhafi, dans le quartier musulman de Nyamirambo. Chaque grande ville du pays possède également une mosquée. Mais l'islam reste quasiment absent dans les campagnes.

> La chrétienté est toujours présente au Rwanda.

L'économie

L'agriculture est le domaine-clé de l'économie rwandaise : elle emploie 90 % de la population. Encore trop dirigée vers l'autoconsommation, elle représente tout de même la principale ressource de devises du pays avec l'exportation de thé et de café. Le secteur industriel est encore embryonnaire.

> Essentielle pour la consommation locale et l'exportation : la culture du café.

L'agriculture est, de loin, l'activité économique dominante du Rwanda. Elle représente 40 % des revenus de l'État et 60 % des ressources en devises. Dans ce tout petit pays qui connaît l'une des densités les plus élevées au monde (310 hab/km^2), 90 % de la population active est employée dans le secteur agricole. Situé au 164e rang dans le classement du Programme des Nations Unies pour le Développement, le Rwanda est aussi l'un des plus pauvres avec 68 % de la population vivant avec moins d'un dollar par

→ LA LÉGENDE DU CAFÉ

On ne connaît pas très bien l'origine du café. Il semblerait que les premiers caféiers connus de l'Homme poussaient depuis très longtemps au Yémen et en Éthiopie. Plusieurs légendes sont attachées à son histoire. D'après l'une d'elles, le prophète Mahomet, malade, fut réconforté et guéri par un breuvage qui lui fut offert par l'ange Gabriel. C'était peut-être du café.
Une autre légende fait intervenir un petit berger arabe, Kaldi, poussant son troupeau de chèvres sur les Hauts-Plateaux d'Ethiopie. Comme l'écrit Michel Vanier dans son *Livre de l'amateur de café* :
« Un jour, les chèvres découvrirent quelques plants de caféiers. Le soir venu, au lieu de s'assoupir à l'heure habituelle, elles se mirent à danser et à batifoler au grand étonnement de notre berger, qui les vit ainsi s'agiter jusqu'à l'aube. Il se demanda quelle pouvait être la cause de cet étrange comportement, ce qui l'amena à découvrir des arbustes appartenant à une espèce qu'il n'avait jusqu'alors jamais rencontrée. À son tour, il voulut goûter à ce mystérieux produit de la nature. L'histoire ne nous précise pas sous quelle forme il le dégusta pour la première fois, mais l'effet fut le même que pour les chèvres : le sommeil ne fut pas au rendez-vous et il dansa à son tour toute la nuit. Il avait découvert le café. Le hasard voulut qu'un vieux musulman, Shadhili, rencontra Kaldi, fit ample provision de graines de café, et en confectionna des boulettes qui lui permirent, ainsi qu'à ses

jour. Dans cette lutte pour la réduction de la pauvreté, la dynamisation de ce secteur est vitale. Mais la liste des problèmes est longue. D'abord, le morcellement des terres : la taille moyenne d'une exploitation n'excède pas 0,8 ha. Mais aussi des difficultés plus structurelles : insuffisance des infrastructures, coût faramineux de l'énergie, impossibilité de mécaniser l'activité à cause du relief (95 % des terres fertiles sont en pente) et maintien de cultures vivrières à faible rentabilité, comme les bananeraies.

À cela, il convient aussi d'ajouter les conséquences des récents événements qui ont bouleversé le pays : les importants déplacements de population ont détruit le tissu social et entraîné de lourdes pertes au niveau du cheptel. Aujourd'hui, l'agriculture rwandaise commence seulement à se restructurer : ce n'est qu'en 2000 que la production agricole a réussi à dépasser de 4 % son niveau de 1990. Actuellement, le mot d'ordre est à la modernisation des outils de production et à la diversification des cultures, mais l'objectif est encore loin d'être atteint.

LA CULTURE DU CAFÉ

Si plus de 80 % des terres sont cultivées, elles le sont surtout pour une autoconsommation. En tête de ces cultures de subsistance, on trouve : les haricots secs, le sorgho, les patates douces, mais aussi le riz, les pommes de terre, le manioc, le maïs et les pois (cultivés en altitude, au-dessus de 1 800 m). Sans oublier la banane. Celle-ci n'est pas seulement consommée comme légume d'accompagnement d'un plat, elle sert aussi à confectionner la boisson nationale : la bière de bananes (*urwagwa*, consommée sur place par une majorité des Rwandais).

Pendant longtemps première culture de rente du Rwanda, le café, avec la chute des cours mondiaux, est aujourd'hui en crise : de 1990 à 2002, la production a chuté de moitié (de 43 000 à 20 000 tonnes). Conséquence : les 400 000 exploitants de café du Rwanda perçoivent moins de 0,4 dollar au kilogramme de café produit, ce qui revient à le vendre au prix coûtant. Pour relancer la filière, le gouvernement rwandais entend à l'avenir miser sur le créneau du café haut de gamme, le *specialty coffee*, plus rentable et mieux coté.

collègues, de prolonger la prière nocturne sans être gagnés par le sommeil. La troisième légende s'apparente à la précédente ; elle aussi met en scène des chèvres appartenant à une communauté religieuse appelée Chéhodet, non loin des conforts de Djebel Sabor. Les chèvres sauvages des religieux broutaient les maigres pâturages des flancs de la montagne. Elles donnaient à la communauté leurs poils, voire même leur peau, qui fournissait les sandales des moines et les parchemins destinés à recueillir les versets du Coran. Après le coucher du soleil, les chèvres dormaient tranquillement, mais il advint qu'une nuit, la montagne retentit de leurs bêlements tandis qu'elles continuaient à galoper sur les pentes. Les religieux, d'après la légende, attribuèrent d'abord le fait à l'engoulevent, cet oiseau nocturne vulgairement appelé " trayeur de chèvres ", car il a la réputation de se livrer à cette pratique. Mais on ne tarda pas à s'apercevoir que les chèvres avaient découvert un nouvel arbuste et on se demanda si celui-ci ne donnerait pas l'explication de leur excitation. Les moines cueillirent quelques fruits et feuilles de la plante mystérieuse et en firent une décoction. On raconte que pour obtenir cette infusion, le maître de la communauté sécha à la flamme les fèves, qui subirent ainsi leur première torréfaction. Le café était né. Son effet, naturellement, fut de prolonger la veille du maître, qui poursuivit ses prières alors que les autres religieux s'assoupissaient. On appela alors cette boisson " Kawah ". Et ce nom devrait alors être interprété comme rappelant la province de Kafa dont le café est originaire, ou encore comme " ce qui ravit et donne de l'envolée à la pensée ".

> Le gouvernement mise désormais, pour relancer la filière café, sur le créneau haut de gamme, mieux coté.

ÉCONOMIE

Aéroport international
Aérodrome
Route principale
Route secondaire
Parc national
Forêt, réserve naturelle
Limite de province
PARC NATIONAL DES VOLCANS
Karisimbi 4 507 m
Kidaho
Ruhengeri
Nyakirama
Lac Bulera
Lac Ruhondo
R. D. CONGO
Goma
Gisenyi
Kabaya
Bumbogo
FORÊT NAT. DE GISHWATI
Kayenzi
Ramba
LAC KIVU
2° Sud
Kibuye
Gitesi
Mabanza
Kivumu
Gitarama
Île Ijwi
Birambo
Kigoma
Nyabarongo
Kaduha
Rukurara
Nyabisindu
Kagano
Gikongoro
Mwogo
RÉSERVE NATURELLE DE NYUNGWE
Mudasomwa
Bukavu
Cyangugu
Cyimbogo
Nyakabuye
Ruhwa
Rwamiko
Butare
Akanyaru
Kigembe
Rusizi
BURUNDI
29° Est
0
25
50

OUGANDA
TANZANIE
Akagera
Kizinga
Muvumba
Umutara
Muvumba
Karangaza
Ngarama
Gabiro
Byumba
PARC NATIONAL DE L'AKAGERA
Akagera
Lac Ihema
Lac Muhazi
Rutongo
Muhazi
KIGALI
Rwamagana
Kayonza
Nyarugenge
Lac Nasho
Lac Mpanga
Lac Cyambwe
Kanazi
Lac Mugesera
Kibungo
Lac Sake
Rusumo
Lac Cyohoha Nord
Ngenda
Akagera
Lac Rweru
Lac Cyohoha Sud
Akanyaru
30° Est
AGRICULTURE
Cultures vivrières, élevage extensif
Cultures commerciales
Café
Riz
Thé
Pyrèthre
Arachide
Canne à sucre
Pêche et pisciculture
ÉNERGIE, MINES, INDUSTRIES
Centrale hydroélectrique
Gisement reconnu de méthane
Gisement de cassitérite
Gisement de tungstène
Gisement d'or
Industrie agroalimentaire
Industrie textile

DU THÉ D'ALTITUDE

Avec la chute du café, le thé est devenu la première culture d'exportation du Rwanda avec 26 millions de dollars d'exportation en 2001. Cultivé également en altitude (entre 1 800 et 2 400 m), le thé rwandais est aussi très réputé auprès des connaisseurs pour la qualité de son arôme : 90 % de la production est classée « grade primaire », c'est-à-dire de première qualité et 97 % de la production est exportée. Parmi les principaux clients du thé rwandais viennent en tête : la Grande-Bretagne, le Pakistan, l'Irlande et les États-Unis. On verra surtout des plantations de thé dans la région de Byumba, au nord de Kigali, près de la frontière ougandaise, mais aussi près de Cyangugu, au sud-ouest, et dans la région de Kibuye ou de Gisenyi, au bord du lac Kivu.
Assez insolite : la culture du pyrèthre, dont la production a été relancée en 2000. Cette jolie plante à fleurs blanches de la famille des chrysanthèmes dont on verra des champs entiers autour du Parc national des Volcans, près de Ruhengeri, donne de la poudre de pyrèthrine, puissant insecticide naturel. Depuis le début de la production, l'usine «La Sopyrwa» a exporté plus de 30 tonnes d'extrait brut, exclusivement en direction des États-Unis.

> Pousses de thé

LA BIÈRE DE BANANES

De fabrication artisanale, la bière de bananes « urwagwa », très alcoolisée (15° et plus), reste une boisson très appréciée, malgré la poussée des produits d'importation. Au cours du voyage au Rwanda, on assistera certainement à la préparation de l'urwagwa. Le paysan rwandais cueille les régimes encore verts – avant maturité – et les met à fermenter dans sa cour pendant deux à trois jours, après les avoir couverts de feuilles de bananiers. Emballés dans ces feuilles, les régimes sont ensuite placés dans une fosse couverte de troncs de bananiers et de terre. Ce four primitif est ensuite mis à feu et après cuisson, les bananes sont sorties, épluchées puis malaxées dans l'eau du brassin (long récipient de bois en forme de pirogue). Le tourteau ainsi formé est pressé et le jus libéré est filtré dans des calebasses. Mélangé à un peu de farine de sorgho, le jus est mis à chauffer dans une grande cuve. Après trois jours de fermentation, la bière est prête à consommer. Elle se conserve très longtemps lorsqu'elle a été bien préparée.

L'ÉROSION DES TERRES

Les mouvements à grande échelle de population et de bétail depuis 1990 ont entraîné une grave menace sur l'environnement. Pour trouver de nouveaux espaces habitables et cultivables, les hommes ont progressivement repoussé les frontières des parcs nationaux et des espaces protégés. On estime que les forêts ont diminué de 70 % entre 1958 et 1998 à cause du défrichage. Les forêts de montagne de Gishwati et Mukura sont proches de l'extinction, et le domaine de chasse de Mutara a complètement disparu. Résultat : dans ce pays montagneux en passe d'être entièrement déboisé, les arbres n'absorbent plus ni ne freinent l'eau déversée par les pluies qui, par ruissellement, arrachent la bonne terre arable et l'entraînent au bas des pentes.
Face à cette menace permanente, la Banque Africaine de Développement (la BAD) a lancé un projet de reboisement et une « journée nationale de l'arbre » a lieu tous les ans en octobre-novembre : chaque Rwandais doit planter trois arbres, ce qui représente 24 millions de nouveaux troncs chaque année ! Mais cela ne réglera pas le problème à long terme...
Pour lutter contre l'érosion des sols – conséquence directe d'une agriculture intensive sans apport organique – des études ont été réalisées grâce au soutien de la coopération belge ; il s'agirait de valoriser l'utilisation du compost végétal pour enrichir les sols, au détriment des engrais chimiques, importés par le colonisateur et aux effets désastreux sur l'environnement.

> La banane, avec les haricots, fait partie de l'alimentation de base du Rwandais. Une autre catégorie de bananes sert à fabriquer la boisson nationale, la bière de banane ou « urwagwa ».

> Le thé, dont les plantations s'étendent à travers tout le pays, est devenu la première culture d'exportation et la production est classée de première qualité.

DE LA VIANDE ET SURTOUT DU LAIT

L'élevage est secondaire au Rwanda, car la pression démographique tend à réduire les pâturages pour en faire des champs ou des plantations.

On recense un cheptel de près de 650 000 bovins et de 800 000 caprins. Le secteur de l'élevage a retrouvé de sa vitalité après avoir subi des pertes énormes au milieu des années 1990. Pourtant, il persiste une pénurie de bétail dans les provinces de Gikongoro, Kibuye et Byumba. À l'instar de nombreux États d'Afrique Noire, l'élevage des bovins est davantage orienté vers la production de lait et non de viande. Néanmoins, plusieurs abattoirs fonctionnent à Kigali, Butare et Cyangugu, permettant d'approvisionner en viande fraîche les principales villes du Rwanda, et de collecter des peaux pour l'exportation (deux tanneries à Kigali traitent ces peaux brutes sur place avant de les envoyer à l'étranger).

Un peu partout, les paysans rwandais possèdent de la volaille et du petit bétail : poules, chèvres et porcs. Traditionnelle, l'apiculture se maintient et donne un miel très apprécié (819 tonnes par an).

Enfin la pisciculture, en plein essor à la fin des années 1980, doit être totalement réorganisée, faute de main-d'œuvre qualifiée et d'équipements valables. Il existe aujourd'hui une centaine d'exploitations piscicoles traditionnelles. L'activité reste essentiellement localisée au niveau du lac Kivu où les pêcheurs se sont organisés en coopérative. Cette réussite relative tient essentiellement à l'introduction, il y a dix ans, du tilapia – poisson voisin de la perche – qui s'est très bien adapté aux fraîches eaux rwandaises, à l'utilisation de déchets agricoles pour nourrir les poissons (chou, sorgho) et au chauffage de l'eau des viviers, accélérant la croissance des alevins.

> L’élevage n’est pas très développé par manque d’espace, mais fournit un appoint appréciable au secteur agricole.

DES RESSOURCES MINIÈRES SOUS-EXPLOITÉES

Les principales mines du Rwanda exploitent les minerais de cassitérite pour l'étain, la wolframite pour le tungstène et la columbo-tantalite (coltan) pour le niobium et le tantale. La principale société dont le capital est détenu à 100 % par l'État, la Régie d'Exploitation et de Développement des Mines (REDEMI), est en cours de privatisation. Cet appel d'air devrait pouvoir relancer l'extraction minière encore sous-exploitée.

La compagnie nationale rwandaise d'eau et d'électricité, Electrogaz (également en cours de privatisation) détient pour l'instant le monopole de la production et de la distribution d'eau et d'électricité.

Plusieurs centrales hydroélectriques ont été construites au Rwanda mais elles ne répondent pas entièrement aux besoins croissants de la population et des entreprises. Leurs capacités de production ne dépassent pas 26,4 MW, alors que les besoins s'élèvent à 100 MW !

Par ailleurs, les autorités rwandaises ont depuis plusieurs années le projet d'exploiter le méthane contenu dans les eaux du lac Kivu. La réserve de gaz dissous est estimée à 57 milliards de mètres cubes, soit l'équivalent de 36 millions de tonnes de gasoil. Il existe déjà une installation pilote, construite à Gisenyi, au bord du lac Kivu : elle fournit du méthane qui sert de source d'énergie à la brasserie Bralirwa. Le principe de cette exploitation consiste à pomper les eaux du lac en profondeur, à libérer les gaz et à les épurer afin d'extraire les 23 % de méthane qu'ils contiennent

> La mine de Coltan à Ntende.

> Le sous-sol rwandais est riche notamment en métaux et pierres précieuses, comme ici l'or et le saphir.

UN SECTEUR INDUSTRIEL EN COURS DE PRIVATISATION

Le secteur secondaire représente aujourd'hui moins de 2 % de la population active et 19 % du Produit Intérieur Brut (PIB). Le secteur industriel rwandais est né à la fin des années 1970 et reste constitué en majorité de petites entreprises employant moins de 100 ouvriers, dont la plupart sont situées dans les régions de Kigali, Butare et Gisenyi. La moitié des quelque 120 établissements manufacturiers du pays opèrent dans les produits alimentaires et les boissons, dont 15 % dans les secteurs du thé et du café.

> La société Bralirwa à Gisenyi.

La Bralirwa (les brasseries et limonaderies du Rwanda, filiale à 70 % d'Heineken) est l'un des plus gros employeurs du secteur privé du pays. L'unité de Gisenyi produit la Primus, la Mützig, la Guiness et celle de Kigali, le Coca-Cola, le Fanta, le Sprite, le Tonic et l'eau gazeuse. La cimenterie de Bugarama (la Cimerwa) est l'autre grande structure du pays : elles constituent, à elles deux, les premiers contributeurs fiscaux du secteur.

Mais depuis quelques années, afin de donner une impulsion nouvelle à son industrie, le Rwanda s'est lancé dans une entreprise de séduction en direction des capitaux étrangers. C'est ainsi que l'Office Rwandais pour la Promotion des Investissements (RIPA, dans son abréviation anglaise) a vu le jour en 2001, trois ans après le vote de la loi sur l'investissement et la mise en place d'un cadre fiscal incitatif pour les entreprises étrangères. Inferface entre les ministères et les entrepreneurs, la RIPA a déjà traité quelque 120 projets et a largement bénéficié de la politique de privatisation menée depuis cinq ans par le gouvernement. La libéralisation a débuté dans le secteur agricole (usines de production de thé, de café et de sucre) et se poursuit aujourd'hui dans celui de l'énergie, mais aussi dans celui des télécommunications, en totale restructuration : Rwandatel, la société publique qui a le monopole des téléphones fixes, est en cours de privatisation.

Au Rwanda, comme ailleurs en Afrique, la téléphonie mobile a connu une croissance spectaculaire et en 1998 naissait MTN-Rwandacell (avec des capitaux sud-africains), le seul

> De petites PME exploitent les filières thé (à droite) et café (ci-dessous, la société OCIR Café).

> Centrales Électrogaz des lacs Burera et Ruhondo (ci-contre). Ci-dessous, centrale électrique.

opérateur du pays. Mais le marché ne devrait cesser d'évoluer dans les prochaines années.
Enfin, le secteur BTP, notamment à Kigali même, a connu une croissance particulièrement rapide dans les années d'après-guerre, à l'heure où il fallait tout reconstruire pour accueillir les nombreux réfugiés. Depuis 1999, la croissance s'est légèrement tassée, mais le BTP reste le secteur le plus dynamique de l'économie rwandaise.

DÉVELOPPEMENT DU TOURISME

On a coutume de dire que le tourisme, à la fin des années 1990, constituait la troisième ressource de devises pour le pays, derrière le thé et le café. Une place qu'il occupe toujours aujourd'hui, même s'il ne représente plus qu'un très faible pourcentage du PIB. Difficile de chiffrer avec exactitude le nombre de touristes qui se rendent tous les ans au Rwanda. Même si, depuis 1998, le nombre des arrivées internationales a augmenté (195 000, en 2001), la majorité des Américains ou des Européens viennent encore au pays pour des missions professionnelles. Preuve en est la stagnation des entrées dans les parcs nationaux : un peu moins de 6 000 en 2001 (contre près de 20 000 en 1987 !).
Pourtant, fort de son potentiel, le « Pays des Mille Collines » entend plus que jamais jouer la carte touristique pour s'assurer l'entrée régulière de devises étrangères. En coopération avec le Programme des Nations Unies et l'Organisation mondiale du Tourisme, le gouvernement rwandais a établi un plan d'action pour relancer le secteur, avec comme objectif : réussir leur entrée dans le créneau « tourisme haut de gamme ». En mettant particulièrement l'accent sur l'écotourisme (avec la visite des parcs nationaux) et en développant les relations avec les pays touristiques limitrophes (Ouganda, Kenya, Tanzanie), le ministère en charge compte accueillir 70 000 touristes en 2010. Un pari ambitieux à relever...

> Ville coquette, Kigali ressemble à une cité-jardin.

SITE PAR SITE

MUHIMA
Boulevard de Nyabugogo
vers Butare
RUGENGE
Hôtel Okapi
Avenue de la Justice
Restaurant Panafrique
Prison
Police
Gare routière
Place de l'Unité nationale
Rue du lac Ihema
Avenue du Commerce
Rue de l'Épargne
Av. de la Paix
CCFR
La baguette
Motel Le garni du centre
Rue de la Concorde
Boulevard
Marché
Place de la Constitution
R. des Coopératives
Poste
Hôtel des Mille collines
ORTPN
Aux caprices du palais
Librairie Caritas
Av. de la République
Banque de Kigali
Place de l'Indépendance
Rue du lac Burera
Avenue de Rusumo
Rue du mont Juru
Kajangwe
BACAR
BCR
BNR
Av. des Mille Collines
Compagnies aériennes
Avenue Paul VI
Rue du Député
Rue de Karisimbi
Librairie Ikierzi
Boulevard de la Paix
Boulevard de la Révolution
Av. des Grands Lacs
Avenue de l'Armée
KIYOVU
Av. de la Jeunesse
Jali Club
Kayuku
R. du Député Kamuzinzi
R. du Député
MONT KIGALI
Centre hospitalier
Rue de l'Hôpital
Ambassade de France
Rue de l'Akanyaru
NORD
NYARUGENGE
Avenue Paul VI
vers le quartier musulman

PLAN DE KIGALI
Hôtel
Restaurant
Bâtiment public, banque, services
BACAR : Banque continentale africaine
BCR : Banque commerciale du Rwanda
BNR : Banque nationale du Rwanda
CCFR : Centre d'échanges culturels Franco-Rwandais
ORTPN : Office rwandais du tourisme et des parcs nationaux
0
500 m
Addis Ethiopian Restaurant
de l'OUA
Rue de l'Akagera
Rue des Parcs
Boulevard de l'UMUGANDA
Auberge de Kigali

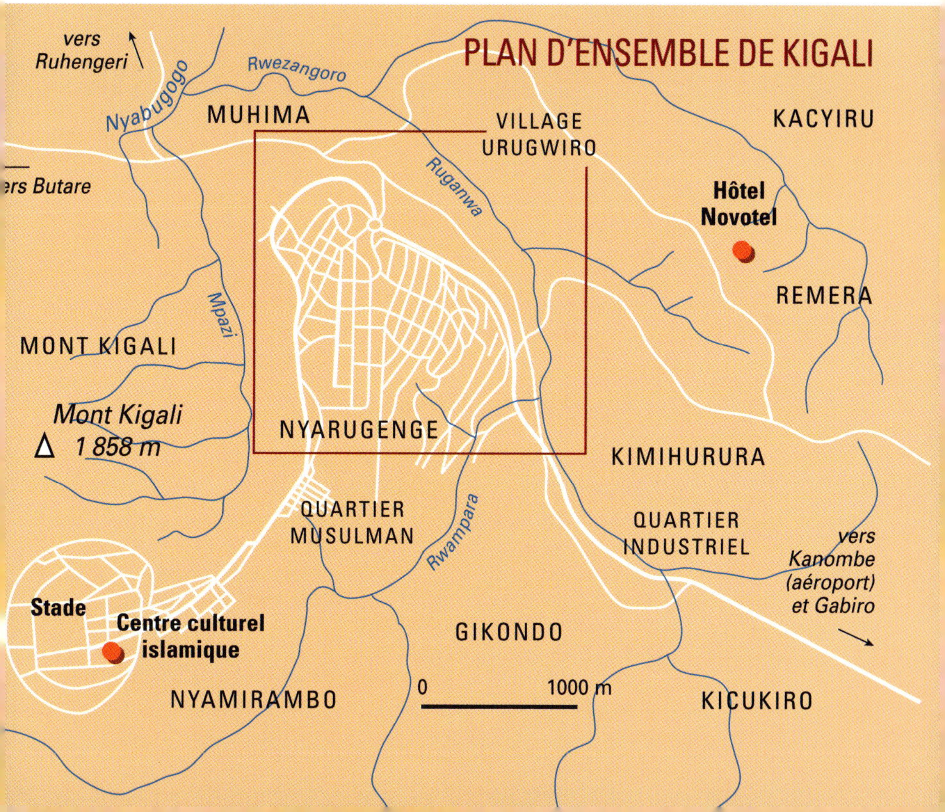
PLAN D'ENSEMBLE DE KIGALI
vers Ruhengeri
Nyabugogo
Rwezangoro
MUHIMA
VILLAGE URUGWIRO
KACYIRU
vers Butare
Ruganwa
Hôtel Novotel
REMERA
Mpazi
MONT KIGALI
Mont Kigali
1 858 m
NYARUGENGE
KIMIHURURA
QUARTIER MUSULMAN
Rwampara
QUARTIER INDUSTRIEL
vers Kanombe (aéroport) et Gabiro
Stade
Centre culturel islamique
GIKONDO
0
1000 m
NYAMIRAMBO
KICUKIRO

Kigali

Contrairement aux mégalopoles africaines, Kigali a des allures de capitale à la campagne. Au fil des années, la ville s'est agrandie de la réunion des collines alentour. Et il est parfois difficile de se retrouver dans ce labyrinthe.

Du doigt, le docteur Richard Kandt pointa sur la carte le centre géographique du territoire du Rwanda, sous protectorat allemand depuis les années 1890. Son entourage y lut : « mont Kigali, 1 852 m ». C'est là que le premier président civil du Reich allemand décida de s'installer, en 1907, pour administrer directement le territoire du Rwanda.
Jusqu'à l'arrivée de Kandt, le gouvernement militaire allemand – installé à Dar-es-Salaam, au bord de l'océan Indien – laissait les rois tutsis continuer à gouverner le pays. Il se contentait d'y envoyer parfois un corps expéditionnaire pour y rétablir l'ordre lorsque des guerres intestines éclataient.
Avec le président du Reich, les militaires allemands cédaient la place non seulement à des civils mais surtout à d'authentiques administrateurs. Car Richard Kandt, en s'installant dans ces collines, n'allait pas se contenter d'une présence symbolique, ou se limiter à quelques opérations de police. C'est un véritable État qu'il entendait gouverner, et établir ainsi au Rwanda une tête de pont pour le commerce allemand en Afrique Centrale.
Animé par la même logique que les planificateurs modernes qui édifieront les nouvelles capitales du Brésil et du Nigeria – Brasilia et Abuja –, Kandt choisit l'emplacement de la future capitale du Rwanda pour sa position centrale. Et probablement pour prendre ses distances par rapport à la cour des rois tutsis, installée à Nyanza, au sud de Gitarama, depuis 1899. Le nouveau résident voulut ignorer l'insalubrité de l'endroit ; les rares paysans qui s'étaient fixés sur ces collines mouraient de la malaria. Car, dans les vallées, de petits cours d'eau maintenaient une humidité constante et insalubre, des conditions propices au développement de l'anophèle, moustique vecteur de la maladie.
Un tableau sinistre, bien différent du paysage qui attend le voyageur aujourd'hui ! Ville coquette, Kigali ressemble davantage à une cité-jardin, aux rues propres et calmes. De grandes avenues et allées ombragées par les jacarandas et les eucalyptus quadrillent la colline de Nyarugenge. C'est ici, au pied du mont Kigali qui lui a donné son nom, que la capitale rwandaise est née et s'est développée. Puis, s'étendant comme une tache d'huile, la ville a élargi son emprise sur les collines environnantes de Nyamirambo, au sud, de Kimihurura, Kacyiru et Kanombe, à l'est, où elle a aménagé l'aéroport international Grégoire-Kayibanda (nom du premier président du Rwanda), à une dizaine de kilomètres du centre-ville.

UNE PARTIE DE LUNA-PARK

Comme à Rome, Naples ou Lisbonne, construites également sur des collines, la visite en voiture de Kigali prend l'allure d'une partie de Luna-Park. On monte, on descend, on tourne et on recommence. La ligne droite n'est jamais le chemin le plus court pour relier deux points dans la ville. Et chaque circuit semble avoir été étudié exprès pour vous faire passer par un belvédère d'où vous pouvez admirer un superbe panorama de la ville et des autres collines.
À l'hôtel Novotel « Umubano » (Bienvenue), à Kimihurura, toute la colline de Nyarugenge s'offre au regard. De l'hôtel

des Mille Collines, à Nyarugenge, on a le point de vue inverse et ce sont toutes les collines environnantes qui défilent à l'horizon. À la tombée du jour, le spectacle devient féerique avec une myriade de petits points lumineux qui s'allument à vos pieds. Plus besoin d'hélicoptère pour embrasser le plan général particulièrement compliqué de la capitale rwandaise. Parfois, lorsque le temps est clair, par une échappée entre les collines, on peut apercevoir les grands volcans du nord du Rwanda... à plus de cent kilomètres de Kigali !

UNE « VILLE À LA CAMPAGNE »

Même si, ces dernières années, la capitale s'est agrandie de nouveaux quartiers résidentiels en périphérie, elle est restée à l'échelle humaine. D'après le dernier recensement d'août 2002, la ville de Kigali compte 608 000 habitants, mais ce chiffre doit être considéré avec précaution car il englobe les alentours plus ruraux qui bordent l'agglomération. Ainsi, dans un pays qui préfère toujours l'habitat dispersé en pleine nature, la capitale n'a pas cédé au vertige des villes-champignons, comme ses sœurs africaines Abidjan, Lagos ou Dakar.

Pour une fois, le vieux rêve « d'installer les villes à la campagne », cher à l'humoriste Alphonse Allais, s'est réalisé au Rwanda. On croirait avoir fait appel à un urbaniste, spécialiste des aménagements « paysagés » ; Kigali paraît avoir donné la priorité à la verdure sur le béton, la brique, le verre ou l'acier. Seul un petit building flambant neuf aux vitres bleutées, le « City Plaza House », donne une touche de modernité au centre-ville. Inauguré en juillet 2002, il est le siège de plusieurs nouvelles entreprises rwandaises.

> Véritable « ville à la campagne », la capitale du Rwanda a donné la priorité à la verdure sur le béton.

À quelques pas, les banques, les centres de décision et les commerces installés sur la colline de Nyarugenge restent toujours cachés derrière des haies de bougainvilliers et d'hibiscus. C'est un ravissement pour le nouveau venu de descendre dans des hôtels où l'on a restitué dans les jardins toute l'exubérance de la flore tropicale : palmiers, roses de porcelaine, anthuriums, pendulas, bananiers, hibiscus, lauriers-roses, etc.

Sur cette colline de Nyarugenge, le quartier du Kiyovu est considéré comme le centre-ville. Le touriste s'y rend surtout pour faire des achats et préparer ses circuits à l'intérieur du pays. Point de passage obligé : l'ORTPN (Office Rwandais du Tourisme et des Parcs Nationaux), près de la Place de la Constitution, à l'entrée du grand Boulevard de la Révolution. Ici on peut réserver une place pour visiter les gorilles du Parc national des Volcans ou pour combiner des « safaris-visions » dans le Parc national de l'Akagera ou la Forêt naturelle de Nyungwe. Outre les renseignements, on y trouvera toute une documentation touristique sur le Rwanda : cartes, dépliants, livres et de précieux renseignements sur les hôtels du pays.

> Le grand marché de Kigali (en haut et ci-contre) est un véritable temple du commerce. Il fonctionne toute la journée.

À côté, s'élève l'hôtel des Mille Collines, grand établissement de 112 chambres, avec bar, restaurant, piscine et boutiques, qui a été construit par la compagnie aérienne belge « Sabena », en association avec l'État rwandais. Aujourd'hui, suite à la faillite de la Sabena, l'établissement fonctionne toujours mais il est en liquidation, dans l'attente d'un repreneur. Plus en contrebas, au bord du grand Rond-Point de l'Unité Nationale et à l'entrée de l'Avenue de la République, on trouvera le Centre d'Échanges Culturels Franco-Rwandais (CECFR), qui est un des principaux foyers d'animation culturelle et de loisirs de Kigali. Le Centre possède un petit théâtre qui a ouvert à nouveau ses portes en 2000 et où se produisent les troupes locales, ainsi qu'une grande bibliothèque avec un très bon fond de documentation sur l'histoire et les traditions du pays.
En poursuivant sa route par l'Avenue de la Paix, on débouche dans le quartier des banques (Banque Commerciale du Rwanda, Banque de Kigali et BCDI) et des ambassades. Coupant cette large artère, se trouve l'Avenue des Mille Collines, où ont élu domicile les principales compagnies aériennes (Kenya Airways, Rwandair Express, Air Burundi).

BONNES TABLES DE KIGALI

Quelque soit votre budget, il vous sera toujours facile de vous offrir un bon repas. Dans le premier cas, vous pourrez toujours rester dîner ou déjeuner à votre hôtel (« le Stan's Bar » au 4e étage de l'hôtel des Mille Collines est réputé pour sa bonne cuisine à l'européenne, ainsi que le restaurant de l'hôtel « Gorilla », tenu par un Belge qui est aussi chef cuisinier !), ou vous attabler dans l'un des restaurants chics de la place : « Aux Caprices du Palais » (dans la rue Ntaruka, excellent mais onéreux), le « Sole Luna » (sur Remera, très bon restaurant italien), « Exotikka » (restaurant libanais situé près de la gare routière), le « Flamingo » (sur Kiyovu, restaurant chinois)... Mais il existe également de nombreux restaurants proposant des plats africains à des prix assez modestes : poulets ou tilapias grillés (gros poisson) et brochettes de bœuf ou de chèvre, accompagnés de frites ou de légumes divers (petits pois, bananes, riz, feuilles de manioc...). Le meilleur restaurant traditionnel est certainement « Chez John » (sur Rugunga), mais vous trouverez également des plats de bonne qualité, au « Jali Club » (Boulevard de la République), au « Panafrique » (Boulevard de Nyabugogo) ou à l'hôtel « Baobab » (sur Nyamirambo).

DES ACHATS AU « SOUK »

Quittant les beaux quartiers ombragés et de retour vers la Place de la Constitution, il faut faire un détour par la gare routière. Point de départ de tous les minibus qui desservent les collines périphériques de Kigali, cet endroit est riche en couleurs. Entre les coups de klaxon et les cris des vendeurs à la sauvette, les rues alentour regorgent de vie. C'est aussi un endroit-clé pour organiser toutes vos excursions en bus à l'intérieur du pays. Les différentes compagnies privées (Atraco Express, Volcano, Trans-Express 2000, Okapi) proposent des liaisons quotidiennes vers toutes les préfectures, à des prix très compétitifs.

Si des vendeurs d'objets artisanaux occupent tous les jours l'Avenue de l'Armée (à la sortie de l'hôtel des Mille Collines), vous pourrez préférer acheter des « souvenirs » en faisant un détour par le grand marché de Kigali. Toujours sur la colline de Nyarugenge, il est situé derrière la gare routière. Appelé « isoko » – adaptation du mot arabe « souk » en kinyarwanda –, ce grand temple du commerce fonctionne toute la journée et ouvre largement ses étals de vivres : pyramides de mangues, d'ananas ou de raves de manioc, voisinant avec des produits maraîchers plus classiques pour l'Européen (choux, tomates, carottes, salades) et qui poussent aussi au Rwanda, grâce à son climat tempéré d'altitude. Comme dans toute l'Afrique, les marchandes vendent également un large assortiment d'épices et de condiments en poudres multicolores. Pour se remettre de ce tumulte coloré, une pause s'impose au bar « La Baguette », situé sur la colline Muhima. Avec sa terrasse ombragée, c'est le lieu idéal pour se rafraîchir avec un verre de maracuja (fruit de la passion) et commander un sandwich qui, dit-on, est fait avec le meilleur pain de Kigali.

Poursuivant sa route par le sud – en passant devant le Centre hospitalier de Kigali, on plonge puis on remonte sur la colline de Nyamirambo. Là se trouve le « Quartier Musulman », avec sa mosquée à dôme d'or et son Centre Culturel Islamique. Les Arabes venus de la côte de l'océan Indien s'y installèrent autrefois et firent souche. Toujours très animé, de jour comme de nuit, ce quartier populaire collectionne les petites échoppes d'artisans où l'on fabrique de tout à partir de rien : pneus rechapés, matelas et literie de caoutchouc mousse, pièces d'automobiles récupérées à la casse, pendules retapées par les « docteurs des montres », etc. C'est le royaume du « système D », où les officines changent d'affectation et de propriétaire, presque à vue d'œil. Il vous faudra alors absolument vous arrêter dans une de ces gargotes – « maquis » –, spécialistes du « poulet-frites », des brochettes de chèvre et de la bière Primus !

> Comme dans toutes les grandes villes, les vendeurs de rue font le bonheur des promeneurs.

UN PARC INDUSTRIEL

Plus à l'est, Gikondo était surtout réputé pour son grand parc industriel, mais depuis quelques années le quartier s'est étendu pour devenir plus résidentiel. Au prix d'un assainissement des marais – qui a profité à toute la ville, une large palette d'industries s'est implantée à Kigali : depuis la fabrication de boissons gazeuses (entre autres le Coca-Cola) jusqu'aux productions de matériaux de construction (tôle, tuyaux, peintures, vernis...), en passant par le savon, l'huile et les cosmétiques. On y trouve aussi des sociétés de services : garages et dépôts d'hydrocarbures.
Et hop ! la route remonte en lacets sur Kimihurura et Kacyiru, où tout un nouveau quartier ministériel a poussé en hauteur. Sur Kimihurura, trône toujours le Parlement : si toute une partie du bâtiment a été complètement détruite lors de la reprise de Kigali par le FPR en juillet 1994, l'Assemblée Nationale y siège toujours, dans une salle totalement refaite à neuf.
Plus loin, à Kacyiru : l'hôtel Novotel « Umubano » (financé par des Libyens, l'hôtel est passé entre les mains de la chaîne Méridien, puis Windsor, et enfin Accor, depuis janvier 2001). Entouré d'un beau jardin botanique, l'établissement joue à la fois la carte de l'homme d'affaires – qui trouve ici un bon restaurant, des chambres, des suites confortables et des salles de conférences – et celle du touriste « haut de gamme », pour lequel il a installé des équipements sportifs (courts de tennis, golf miniature, piscine, terrain de volley). Sans oublier le côté festif avec le « Maxim's », la discothèque attenante.
À deux pas, à côté du grand Rond-Point de Kacyiru, un nouveau complexe très à la mode : le « KBC », pour « Kigali Business Center ». C'est l'un des points de rendez-vous des jeunes de la capitale : on y trouve un cinéma, le « Planet Club » et une petite discothèque remplie tous les samedis soir. Si Kigali est une ville aux soirées plutôt calmes, les rares discothèques sont prises d'assaut le week-end. Il en est ainsi du « New Cadillac », l'autre temple de la fête repérable par son rayon laser vert qui transperce la nuit noire.

> Bâtie au pied du mont Kigali, la ville, avec ses rues propres et claires, s'est agrandie de la réunion des collines alentour.

UNE PAUSE « CHEZ LANDO »

Derrière le Novotel, le quartier Remera, longtemps resté à l'état naturel, s'urbanise peu à peu. C'est ici que les Chinois ont construit l'imposant Stade National, qui accueille les grandes rencontres internationales de football. Et plus récemment, c'est là aussi qu'a été érigé le Siège rwandais du Tribunal Pénal International pour le Rwanda (TPIR).

On ne quitte pas ces quartiers excentrés, en apparence si calmes, sans faire un saut chez Lando. C'est le diminutif du prénom de l'ancien propriétaire de ce complexe de restauration et d'hôtellerie, M. Landouard. On se donne rendez-vous dans les paillotes pour y boire de la bière et déguster de bons poulets braisés.

Derrière Remera, la visite se poursuit vers Nyarutarama, une colline qui depuis peu est devenue le quartier résidentiel des Kigaliens huppés. De petits immeubles à étage côtoient des maisons particulières, avec jardins ; un type d'habitat pavillonnaire est chose nouvelle au Rwanda. L'intérêt du quartier tient aussi au grand golf qui s'étend à quelques centaines de mètres de là : « la Source du Nil ». Avec un tout nouveau parcours de 18 trous, il propose des forfaits à la journée, avec location de matériel. Mais c'est surtout un endroit ombragé et très agréable pour passer quelques heures.

En continuant sur Kanombe, on revient à la case départ : le grand aéroport international Grégoire-Kayibanda. Le bureau d'accueil de l'ORTPN (Office Rwandais du Tourisme et des Parcs Nationaux), installé dans le hall d'arrivée, renseigne les nouveaux venus sur toutes les possibilités de circuits touristiques et d'hébergement dans le pays, tout en leur fournissant des cartes et des dépliants.

CIRCUITS ET EXCURSIONS

Dans les environs de Kigali, on peut effectuer de courtes excursions à Rutongo ou dans les grandes plantations de thé de Byumba (voir chapitre « Site par site »). Un plus long parcours d'environ 160 kilomètres, par une très bonne route bitumée, conduira aux chutes de l'Akagera, à Rusomo, au sud-est du pays (frontière de la Tanzanie).

Enfin, Kigali est le tremplin idéal pour organiser les grands circuits touristiques : au nord, vers le Parc national des Volcans, domaine des gorilles ; à l'est : au Parc national de l'Akagera, sanctuaire de la grande faune des savanes (buffles, zèbres, antilopes, lions, éléphants, etc.) ; au sud, pour y observer les singes de la forêt naturelle de Nyungwe ; à l'ouest, enfin, pour paresser sur les rives du lac Kivu.

(Voir « Renseignements pratiques » p. 150.)

Akagera (Parc national de l')

Même si le parc a été amputé d'un tiers de sa surface, il reste l'un des plus beaux sanctuaires de faune d'Afrique. Une occasion unique de voir, dans ce site magnifique, des hippopotames côtoyer impalas et girafes.

Royale et hiératique, cette lionne immobile dans les hautes herbes, à l'affût d'un troupeau d'impalas... Amusant, ce phacochère, détalant avec ses petits, tous la queue dressée, comme un plumeau... Repoussant, ce grand serpent mamba noir et visqueux, disparaissant dans un terrier... Haineux, ces buffles alignés sous un bosquet, prêts à charger les intrus... Autant de visions très variées qui rendent passionnants les « safaris-visions » dans le Parc national de l'Akagera, à l'est du Rwanda.
Sans oublier, bien sûr, les troupeaux de zèbres, de topis (grandes antilopes damalisques) ou d'hippopotames.

PAS D'EMBOUTEILLAGE AU PARC

Créé en 1934, le Parc national de l'Akagera a été amputé d'un tiers de sa superficie (de 285 000 à 90 000 hectares aujourd'hui). Des réfugiés et des personnes déplacées ont ainsi été autorisés à s'installer et à cultiver la terre dans toute la partie nord-ouest de l'ancien parc en 1998 (voir chapitre « Histoire »). Durant cette période troublée par les combats, les pertes animales ont été considérables, autant à cause du braconnage que de la réduction de la zone préservée. Parmi les espèces les plus touchées : les rhinocéros, les lions, les buffles...
Le parc a donc subi des pertes importantes et toute l'organisation a dû être revue ; l'ORTPN a recruté du personnel parmi les nouveaux habitants qui se sont installés en lisière du parc et a réhabilité toutes les pistes en terre rouge qui sillonnent les marais.

> **Le lac Ihema abrite un grand nombre d'oiseaux aquatiques.**

Grâce à ces efforts conjugués, l'Akagera reste l'un des plus beaux sanctuaires de faune d'Afrique. De l'avis de maints visiteurs, il possède deux atouts-maîtres : ses pistes ne sont pas encore embouteillées par des dizaines de minibus, comme au Kenya. Et quels paysages ! On s'attendait à la monotonie des grandes plaines d'Afrique de l'Est, couvertes de savanes. On découvre des collines, parfois basses et arrondies, parfois hautes et très escarpées, ménageant de superbes panoramas sur de larges vallées, envahies par des lacs.
À la frontière de la Tanzanie, ce parc fait bien partie intégrante du « Pays des Mille Collines » et se situe à des altitudes de plus de 1 300 m, avec des sommets, comme le Mutumba, culminant à 1 824 m, le Muhororo à 1 692 m et le Gabiro à 1 770 m. Tout son relief est constitué par des hauts plateaux, creusés par une multitude de rivières, dont la plus importante, l'Akagera, forme une frontière avec la Tanzanie et traverse d'immenses marais et chapelets de lacs.
À l'Akagera, on peut cumuler les « safaris-visions » en 4 x 4 et les minicroisières sur le lac Ihema, le plus grand. En effet, après avoir fait une réservation à l'entrée du parc, on peut se hisser dans de petits bateaux à moteur, suffisamment maniables pour se glisser dans les chenaux ouverts des prairies flottantes de salade du Nil et de nymphéas. Ou pour effectuer de savants gymkhanas dans les forêts de papyrus, refuges des colonies d'hippopotames et de superbes oiseaux aquatiques comme le gonolek rouge et noir ou comme la fauvette à épaules blanches.

PARC NATIONAL DE L'AKAGERA
Nouveau parc
Ancienne limite
Zone marécageuse
Limite de province
Route bitumée
Route secondaire, piste
Aérodrome
Hôtel
Restaurant
Site de camping
0
10 km
UGANDA
Kagitumba
Kizinga
Muvumba
TANZANIE
Akagera
1 643 m
Umutara
Karangaza
Muhororo
1 692 m
Lac Rwanyakizinga
Gabiro
1 770 m
Station du parc
Gabiro
Lac Mihindi
Plage des Hippopotames
Mutumba
1 824 m
Kabarore
Lac Gishanju
PROVINCE DE UMUTARA
Lac Hago
Lac Kivumba
Kiziguro
1 730 m
Gakenke
Rukara
Gahini
Lac Muhazi
Lac Ihema
Entrée du parc
Muhazi
Hôtel Dereva
PROVINCE DE KIBUNGO
Rwamagana
Kayonza
Nyankora
Akagera
Hôtel Umbrella
vers Kibungo
Lac Nasho
Lac Mpanga

> Situé à des altitudes de plus de 1300 m, le parc de l'Akagera est l'un des plus beaux sanctuaires de faune d'Afrique.

> Une vingtaine de girafes et des félins peuplent le parc...

HIPPOPOTAMES, SITATUNGAS, OISEAUX...

Les bateaux étant blindés, on n'a rien à craindre de la mauvaise humeur des hippopotames, qui ont horreur d'être dérangés pendant la sieste ou durant la parade amoureuse. On les entend de très loin grogner, beugler et souffler dans l'eau. Mais il est plus difficile de les voir, car dès qu'ils pressentent le moindre danger, ils plongent et restent immergés cinq à six minutes. Ils tirent profit de ce laps de temps pour se déplacer sous l'eau et émerger plus loin, dans des bouquets de roseaux, où ils se dissimulent.

Attention à ne pas descendre sur les plages s'ils sont sortis de l'eau, car ces énormes mammifères – qui peuvent peser plus de trois tonnes – n'apprécient pas qu'on se mette en travers de leur chemin. Ils peuvent alors charger avec la force aveugle d'un char d'assaut. Bien qu'ils soient exclusivement herbivores, ils sont dotés de très longues et redoutables canines, dont ils n'hésitent pas à se servir contre les intrus, le plus souvent d'autres hippopotames, auxquels ils infligent de terribles blessures, malgré l'épaisseur de leur peau. Ils ont une espérance de vie d'environ trente ans, naissent après 233 jours de gestation et deviennent adultes à l'âge de quatre ans.

Autres mammifères remarquables des marais et des lacs de l'Akagera : les sitatungas, appelés aussi gibus d'eau ; ces grandes antilopes adorent les terrains marécageux, où elles peuvent se déplacer sans s'enfoncer, grâce à leurs très longs sabots, capables de s'écarter largement à leur extrémité. Très craintifs, ces animaux se cachent dans les roseaux ou même dans l'eau, ne laissant dépasser que le bout du museau.

Quant aux ornithologues amateurs, ils seront surpris par la quantité d'oiseaux aquatiques attirés par ces eaux mortes : outre le gonolek, déjà cité, ils verront de très nombreux échassiers, comme le jabiru (cigogne noire à bec rouge et jaune), les ibis, les hérons, les cormorans et l'étrange bec-en-sabot du Nil, encore peu étudié, dont le bec massif et difforme lui permet de capturer reptiles et amphibiens des marais à papyrus. Parmi les autres oiseaux du parc : une large variété de canards, de becs-ouverts (sorte de cigogne noire au bec entrouvert), de marabouts, d'anhingas, de jacanas, de vanneaux, de chevaliers, etc.

ÉLÉPHANTS, GIRAFES, ZÈBRES...

> ...ainsi qu'une quantité de troupeaux de zèbres et de bubales.

Près des lacs Hago et Kivumba, sur la presqu'île de Nyampiki, au centre du parc, on verra peut-être, avec beaucoup de persévérance, quelques éléphants, descendant d'une vingtaine d'individus qui furent introduits ici en 1975. D'après les récentes estimations, ils seraient près d'une soixantaine, mais ils sont souvent loin des pistes et ne s'approchent que pendant la saison des pluies. Quant aux six girafes offertes par le Kenya au milieu des années 1980, elles se sont très bien acclimatées au parc. Aujourd'hui, elles sont une vingtaine et se laissent approcher à quelques mètres, jusqu'à prendre la pose pour la photographie. En revanche, il ne reste plus qu'un spécimen de rhinocéros noir (contre vingt il n'y a pas si longtemps).

Mais la grande attraction du Parc national de l'Akagera, ce sont ses grands troupeaux de zèbres, d'antilopes (impalas et topis) et de buffles. Ces grands mammifères affectionnent surtout les grands espaces, notamment la plaine de Kirava et les collines basses qui la bordent. Très sociables, les zèbres partagent souvent les mêmes pâturages que les topis, grandes antilopes au pelage brun-rouge à taches noires qu'on appelle aussi « damalisques ».

Plus dispersés dans tout le parc, les impalas sont de gracieuses petites antilopes aux très longues cornes. Très communes dans le parc, elles vivent regroupées en harems d'une vingtaine de femelles gardées par un seul mâle dominant, qui n'hésite pas à se battre farouchement avec les autres mâles, au moment du rut, pour défendre le territoire du troupeau. Les jeunes et les vieux mâles se regroupent en troupeaux de célibataires tandis que les tout-petits sont élevés en « nursery » par de vieilles femelles. Ces impalas sont très convoités par les guépards, les lions et les lycaons qui vivent également dans le Parc national de l'Akagera.

Moins nombreuses, de grandes antilopes, tels l'antilope-cheval rouanne, le cobe-defassa (water-buck), l'élan du Cap, le guib harnaché, les céphalophes de Grimm et les ourébies, sont d'autant plus recherchées par les visiteurs qu'elles sont parfois plus difficiles à trouver. Mais grâce aux excellents guides de l'ORTPN, qui connaissent très bien le parc, il est possible de les dénicher dans les parties les plus secrètes (bien sûr, sans sortir des pistes, car la réglementation du Parc national de l'Akagera l'interdit).

DES TROUPES DE BABOUINS

En revanche, on pourra facilement observer les singes, en particulier les babouins doguera et plusieurs espèces de cercopithèques (singes argentés et grivets). Ces derniers, affectionnant la végétation dense, sont plus nombreux dans la forêt de Nyungwe (voir chapitre « Site par site ») qu'à l'Akagera, aussi faut-il absolument prévoir de s'y rendre au cours du voyage. Vénéré déjà par les anciens Égyptiens – qui en avaient fait l'un des fils d'Horus, le Dieu du ciel –, le babouin doguera est un gros singe de couleur brun olive qu'on rencontre toujours en bandes, à découvert, lorsqu'il traverse la piste.

> Les babouins sont chez eux dans le parc. Sans se préoccuper des visiteurs, ils traversent la piste : c'est le moment de les photographier !

Comme l'ont observé les zoologues, notamment Jean Dorst et Pierre Dandelot dans leur *Guide des grands mammifères d'Afrique*, ces singes observent une hiérarchie assez stricte : « Quand un troupeau se repose, ou mange, les grands mâles dominants occupent le centre de l'aire avec les mères et leurs enfants. Autour de ce noyau se tiennent les membres ayant un rang hiérarchique inférieur, les mâles les moins forts, les femelles en gestation ou en rut et les jeunes occupés à jouer. Ceux-ci peuvent parfois se disséminer et s'éloigner pendant près d'une heure. Quand toute la troupe est en déplacement, les mâles non dominants marchent en avant, suivis des femelles et des jeunes ; le noyau des mâles adultes avec les mères et les enfants se trouve au milieu, suivi d'une arrière-garde d'adolescents. Lorsqu'un prédateur (lion ou léopard, NDLR) est signalé par ceux qui marchent en tête, ils aboient et tous les mâles adultes défendent activement la troupe. Les babouins sont de farouches batailleurs, capables d'infliger de graves blessures grâce à leurs canines puissantes. Leur défense collective les rendent beaucoup plus dangereux et nombre de prédateurs se tiennent à distance. Leur ultime sécurité se trouve dans les arbres. »

Les babouins se déplacent beaucoup, dans une aire de 25 km^2 en moyenne, où se trouvent des points d'eau, des arbres pour dormir (acacias) et de la nourriture, surtout végétarienne, depuis les herbes jusqu'aux tubercules en passant par les fruits les plus variés. Il leur arrive parfois de manger aussi des petits oiseaux, des fourmis ou des lièvres.

D'après les spécialistes, il n'y a ni famille ni harem chez les babouins et le comportement sexuel ne joue pas de rôle important dans la structure sociale, contrairement à la plupart des autres mammifères. Réceptives pendant une semaine par mois, les femelles « s'accouplent tout d'abord avec les mâles d'un rang relativement bas dans la hiérarchie, puis avec les plus forts, paradant en présentant leurs callosités et les parties nues de leurs fesses. Une femelle peut se lier à un mâle, mais la durée de l'association ne dépasse pas quelques jours ».
La période de gestation varie entre 154 et 193 jours, suivant l'espèce. Il naît un jeune, rarement deux, par portée. « Les petits sont d'abord portés par leur mère, suspendus sous le ventre, puis ils montent sur son dos d'une manière caractéristique. Ils sont très bien soignés et apprennent de bonne heure les usages sociaux. »

VERS LES LACS DU SUD-EST

La visite du parc prenant une journée entière, il est préférable de quitter Kigali la veille et de se loger à proximité du parc, pour être certain de commencer dès le petit matin. Avant les événements, il existait un grand hôtel près du lac Ihema, et même si la décision de le réhabiliter a été prise, les travaux n'ont pas encore commencé. Mais il est toujours possible de trouver un hôtel, à moins d'une heure du point d'entrée, à l'hôtel « Dereva », dans la ville de Rwamagana, à l'ouest du parc, sur la route de Kigali, ou à l'hôtel « Umbrella », à Kibungo, au sud. Ces deux établissements, qui proposent des chambres à un prix raisonnable, sont des escales idéales avant de se lancer dans l'aventure de la savane !
(Voir « Renseignements pratiques » p. 151.)

> La douceur de la ligne des collines, la légèreté du ciel et le calme de l'eau se conjuguent pour faire de ce coin du parc de l'Akagera un paysage de sérénité.

Butare

C'est la capitale intellectuelle du pays. Sous ses allées ombragées, il règne une véritable douceur de vivre. Mais Butare, c'est aussi et avant tout la ville du Musée national, sanctuaire de la culture et des traditions du pays.

Le temps semble s'être arrêté à Butare, où les architectures « rétro » des hôtels et des bars réveillent les échos d'une ancienne splendeur. Celle que Butare connaissait quand, sous le nom d'Astrida – en l'honneur de la reine des Belges disparue tragiquement dans un accident de voiture en 1935 – elle pouvait prétendre à un destin plus grand : devenir capitale de la future République rwandaise. Mais on lui préféra Kigali, modeste agglomération de 6 000 habitants à l'époque de l'indépendance, en raison de sa position géographique plus centrale au cœur du Rwanda.
Aujourd'hui, Butare et ses grands environs abritent environ 770 000 habitants et la ville se console de sa déchéance dans le domaine politique, car elle est devenue le plus grand foyer spirituel et intellectuel du pays. C'est ici, en effet, que se trouve l'une des plus belles (et certainement la plus grande) cathédrales du pays, dotée de trois nefs et tout en briques. C'est dans cette ville que la majeure partie de l'enseignement supérieur du pays est concentrée ; un très beau campus regroupe l'Université, l'Institut pédagogique national ainsi que l'Institut national de Recherches scientifiques, l'École d'Agriculture, etc. Au total, ce sont près de 10 000 étudiants (dont 6 000 inscrits à la Faculté) qui se croisent toute l'année. Une jeunesse studieuse – et leurs professeurs – qu'on rencontre dans la grande artère commerçante de la ville, se rendant à la librairie ou encore discutant à la terrasse des bars.
À côté du campus, il est agréable de passer quelques heures au « Ruhande Arboretum ». Cette réserve végétale, créée en 1934 pour préserver et étudier les différentes espèces sylvestres, reste l'un des plus beaux sanctuaires en l'espèce : toutes les variétés d'eucalyptus recensées y sont regroupées ainsi que d'autres essences sauvages.

LA « PROMESSE ROYALE »

> L'étonnant musée futuriste de Butare.

Pour le voyageur étranger, la plus grande attraction de Butare est son Musée national. Non pas une vieille bâtisse de l'époque coloniale aux vitrines poussiéreuses, mais une superbe architecture de briques, de verre et de bois aux formes futuristes, abritant une grande collection d'objets traditionnels rwandais et remarquablement mise en valeur. Ce lieu est l'œuvre de l'architecte M. Lode Van Pee, qui était à l'époque anthropologue au grand Musée Royal de l'Afrique Centrale de Tervueren, en Belgique. Cette double vocation a permis à son auteur d'intégrer remarquablement ce nouveau musée de 2 700 m² dans le site des collines de Butare, en empruntant des formes traditionnelles à l'architecture et à l'artisanat rwandais. Ainsi, ce bâtiment utilise des briques comme celles qui sont fabriquées par les paysans rwandais, des briques en terre séchée au soleil. Et, jouant avec la palette de couleurs de ce matériau traditionnel – de l'ocre au beige en passant par le vieux rose –, l'architecte a orné la façade de motifs géométriques évoquant ceux des nattes et des paniers rustiques. Enfin, la structure du musée, composée de pavillons aux toits pentus, rappelle la forme des huttes de chaume qu'on voit encore dans la campagne rwandaise.
Ouvert en 1988, cet établissement est un cadeau du roi des

Belges Baudoin Ier. Lors d'une visite officielle faite au Rwanda en 1970, le roi avait visité l'ancien musée de l'Institut National de Recherches Scientifiques de Butare, qui contenait déjà une belle collection d'objets ethnographiques, rassemblés par les Belges au temps de la tutelle, et enrichie ensuite par les scientifiques rwandais. S'étant rendu compte de l'exiguïté des locaux, le roi s'engagea à en faire construire un autre, plus grand, dans la ville. Ce qui valut au projet, lors de son élaboration et de sa réalisation, d'être appelé « Promesse royale ».
Tous ceux qui s'intéressent au Rwanda, à son histoire et à ses traditions, doivent obligatoirement passer par Butare et consacrer au minimum une matinée – ou une après-midi – à la visite du musée.

LA CHASSE ET LA CUEILLETTE

Dans le hall d'entrée (salle 1), plusieurs vitrines sont consacrées à des expositions temporaires – comme les jouets des enfants rwandais par exemple – ou présentent, pour la vente, des ouvrages savants (sur l'histoire et l'archéologie du Rwanda, en particulier) ainsi que des objets d'artisanat : cruches en bois pour le lait, paniers en vannerie, etc.
Puis, on accède à la petite salle 2, carrée. Le Rwanda y est présenté dans son contexte géologique et géographique (vitrines 1 à 11 consacrées à l'Afrique dans le monde ; le Rwanda dans l'Afrique ; la géologie ; le climat ; les sols ; l'érosion ; la végétation ; la faune ; la population ; la langue rwandaise). On y apprendra, en particulier, que le Rwanda est un pays de hautes terres (1 000 à plus de 4 500 m d'altitude) et que son sous-sol s'est formé presque totalement à l'ère précambrienne (certaines roches ont plus de 2 milliards d'années). Comme toute cette partie de l'Afrique Centrale et Orientale, il est traversé par une des branches de la fameuse « Rift Valley », long fossé d'effondrement allant de la mer Rouge jusqu'au sud du lac Malawi. Une gigantesque zone de faiblesse de la plaque africaine où surgissent des chaînes de volcans, dont beaucoup sont toujours en activité, et où de grands lacs occupent les parties effondrées.
En salle 3, les vitrines sont consacrées à l'agriculture et à la cueillette, à l'élevage, à la chasse et à la pêche, à l'alimentation, au feu, aux matières minérales et au transport.
On y remarquera avec quels outils rudimentaires les paysans rwandais travaillaient autrefois : haches et serpes pour le défrichage des forêts et houes pour creuser ou retourner la terre. Quant à l'élevage, il s'agissait moins de développer de grands troupeaux de bovins pour en consommer la viande que pour en tirer le lait. Certaines de ces bêtes étaient considérées comme nobles – surtout les vaches à la robe noire et aux très longues cornes en forme de demi-cercles – et étaient uniquement destinées aux parades royales. Malheur à celui qui osait dérober une de ces vaches car il lui était infligé un terrible châtiment : le supplice du pal, comme en témoigne une photo atroce.
Les monarques, ainsi que la bonne société rwandaise, chassaient pour leur plaisir et pas seulement pour se ravitailler. Ils possédaient des chiens spécialement dressés pour la chasse sportive qu'ils pratiquaient dans leur domaine de chasse de la région de Kigali. Portant des grelots et un bandeau qu'on retirait au dernier moment, les chiens excités par les cris des chasseurs et les sons des trompes fonçaient sur leurs proies : chats sauvages, civettes et servals qui étaient ensuite abattus à coups de flèches empoisonnées.
Moins sportive, la chasse avec des pièges, dont certains sont impressionnants : fosses pour les zèbres et les hippopotames, cages-guillotines pour les léopards dont la tête était écrasée par de lourdes dalles de pierre posées en équilibre...

> Les environs de Butare : un magnifique paysage de vallons verdoyants.

> **La récolte des bananes se fait souvent de manière artisanale.**

DE LA BIÈRE DE BANANE

Insolite : la bière de banane (urwagwa), que peu de visiteurs européens connaissent, et qui est pourtant la boisson nationale du Rwanda. Toute une vitrine en retrace la fabrication traditionnelle (voir encadré). De la bière de sorgho et de la bière d'éleusine sont également consommées au Rwanda.

Au milieu de la salle 3, on ne manquera pas de regarder le curieux palanquin du *mwami* Musinga, brancard en vannerie et aux bras de bambou, qui était porté sur la tête.

On descend ensuite dans la grande salle 4 (vannerie, boissellerie, pots à lait, poterie). On admirera l'extrême ingéniosité et la dextérité des artisans traditionnels rwandais qui – à partir de matériaux pauvres, comme la terre, les fibres de papyrus et d'éleusine, le bois – ont fabriqué d'humbles objets de la vie quotidienne érigés aujourd'hui, par la grâce de leur talent, au rang d'œuvres d'art. En particulier les nattes, stores et paniers à décor géométrique, ou les boucliers des danseurs Intores, en bois décoré.

L'architecture traditionnelle au Rwanda est un des « clous » du Musée de Butare (salle 5), où l'on a reconstitué en grandeur réelle une hutte royale (*kagondo*), entièrement en chaume minutieusement tressé, et doté d'un auvent. Sur le seuil (*igitabo*), on remarquera de petites bordures en forme d'accolades. À l'intérieur de la hutte, les bruits et la chaleur du dehors sont annihilés par l'épaisseur des parois de chaume qui procurent une excellente isolation phonique et thermique. Toute la hutte est compartimentée par des cloisons de bambou ou des stores. Le plan de l'aménagement intérieur obéit à des règles traditionnelles. Ici, il est assez simple : un corridor conduit à une pièce de séjour (*ikirambi*) réservée au repas et à la conservation (elle est garnie d'un foyer et d'un porte-lance), tandis qu'au fond a été aménagée la chambre avec le lit surélevé pour les époux (*ubuliri*), recouvert de nattes et de peaux de bêtes, et entouré de paniers pour les effets personnels.

Certaines huttes, plus spacieuses encore, comprennent à la fois des salles de séjour pour les visiteurs et les enfants ainsi que

→ LES HUTTES TRADITIONNELLES

« L'habitat rwandais traditionnel, exception faite des résidences royales et de quelques concessions observées dans certaines régions du Nord et du Nord-Est, notamment chez les pasteurs Bahimas, se caractérisait à la fois par la dispersion des habitations (*ingos*) et par le regroupement de ces dernières par lignages ; d'une manière générale, les membres d'un lignage mineur patrilinéaire habitaient sur une même colline. Les Rwandais érigeaient leurs habitations là où les augures avaient trouvé un emplacement propice. À cet égard, la demeure était toujours dédiée à l'ancêtre éponyme de la lignée. Par ailleurs, le chef de ménage faisait construire, généralement dans l'arrière-cour, des sanctuaires destinés au culte des ancêtres. Les Rwandais de modeste condition se contentaient de simples huttes miniatures (*indaros*) autour desquelles les membres de la famille se réunissaient à l'occasion de cérémonies et déposaient des offrandes destinées à apaiser l'esprit des aïeux. Les familles plus fortunées construisaient de véritables huttes dignes du rang de leurs aïeux. »

Thierry Mesas et Célestin Kanimba Misago, ***Regards sur le Rwanda*.**

des magasins. À l'est du Rwanda, les cloisons intérieures et les piliers des huttes traditionnelles sont modelés avec de la bouse de vache et décorés de reliefs géométriques peints en blanc, rouge et noir.

Quant à la disposition de la concession familiale traditionnelle (*urugo*), elle répond à plusieurs plans, selon le nombre des épouses. Une série d'espaces circulaires comprend la hutte du chef de famille, au milieu de cours et d'arrière-cours, ainsi que l'habitation de la deuxième épouse. Dans ces enclos sont placés des greniers, des poulaillers et même des autels pour le culte des ancêtres (aboli aujourd'hui avec l'omniprésence du christianisme).

En salle 6, on remarquera plus particulièrement la vitrine consacrée aux célèbres danseurs traditionnels du Rwanda : les *Intores*, dont les vêtements et parures sont exposés : coiffe à la forme de crinière en fibre de bananier (*umugara*), pagne en peau de serval (*inkindi*), lance et minuscule bouclier (*ingabo*), décoré de motifs géométriques.

Une autre curiosité de la vitrine des sports : en 1928, lors d'une compétition de saut en hauteur traditionnel (*urukiramende*), un jeune Rwandais réussit à franchir 2,50 m, en prenant comme tremplin une pierre plate ou une petite termitière. Un saut prodigieux, malheureusement non homologué à l'échelle internationale, qui aurait dû conduire l'athlète aux Jeux Olympiques.

Parmi les jeux de société présentés ici : l'*igisoro*, qui se pratique toujours au Rwanda aujourd'hui (voir « Le Voyage »).

La salle 7 est affectée à la préhistoire, à la famille, au surnaturel, aux traditions orales, à la métallurgie et à l'histoire contemporaine, avec les photographies de tous les présidents de la République depuis l'indépendance.

On remarquera la vitrine consacrée au surnaturel. En particulier les rites de divination, où les devins interprètent l'avenir en examinant les viscères de poulet, comme au temps des Romains, mais aussi en jetant des boules de beurre dans l'eau bouillante, ou encore par la manière dont la salive du « client » réagit au feu, etc.

Enfin, on admirera les grands tambours royaux, vénérés comme des dieux, qui contenaient autrefois, bien caché à l'intérieur, le « cœur », un objet secret que seuls le roi et un prêtre devaient connaître. Également exposés : les restes du *mwami* (roi) Cyirima II Rujugira, mort en 1708, avec ses bijoux et ses amulettes.

> Le village de Kibeho est devenu un lieu de pèlerinage.

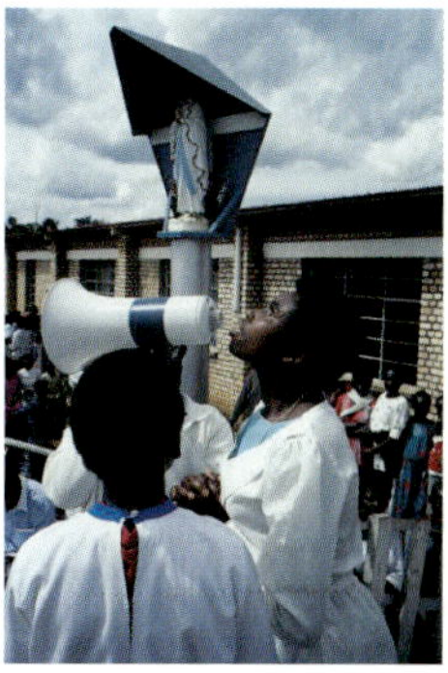

AUX ALENTOURS

Vous pouvez profiter d'être à Butare pour vous rendre à Kibeho, un petit village, situé à une vingtaine de kilomètres vers l'ouest, par une mauvaise piste de terre. Kibeho est devenu célèbre au début des années 1980 : la Vierge serait alors apparue à trois jeunes filles du village. Le Vatican a reconnu officiellement ces visions comme la manifestation d'un miracle. Le sanctuaire, « Notre-Dame des douleurs », dont la première pierre fut bénie en 1992, n'a toujours pas été érigée. Mais à l'avenir, les évêques rwandais voudraient en faire un lieu de pèlerinage et un symbole de réconciliation. Quant à l'église, assiégée et détruite pendant le génocide, elle n'a toujours pas été reconstruite.

(Voir « Renseignements pratiques » p. 151.)

> Ces étendues épaisses d'un vert tendre qui absorbent presque entièrement les hommes dans leur profondeur, sont les champs de thé du Rwanda.

Byumba

La ville des immenses plantations de thé. Sur la route de Kigali, vous pourrez apercevoir ces hommes et ces femmes qui, munis de grandes hottes en osier, travaillent tous les jours à récolter la feuille de thé.

Tout le fond de la vallée du Mulindi, au pied de Byumba, semble tapissée de velours à côtes d'un vert intense. Ce sont d'immenses plantations de thé d'altitude. Elles ont été les premières à être aménagées ici, à partir de 1946. Depuis, la réussite de cette expérience a permis d'étendre largement la culture du thé dans cette région du nord de Kigali. Et de déborder sur l'ouest, vers Gisenyi et sur le sud-ouest, vers Cyangugu, proches du lac Kivu, ainsi que dans la préfecture de Gikongoro.

Avec plus de 21 000 tonnes produites en 2002, le thé est devenu la plus importante culture d'exportation du Rwanda. Pendant longtemps, reléguée derrière celle du café, la production du thé est aujourd'hui la première source de devises, avec 26 millions de dollars de recettes à l'exportation en 2001. La performance du thé rwandais ne tient pas uniquement à la faiblesse des cours mondiaux du café, mais également à une meilleure maîtrise du processus de production. Grâce à une bonne répartition du sol, le thé est cultivé en plus haute altitude que le café, entre 1 800 et 2 000 mètres. Ce qui lui donnerait un excellent arôme, aux dires des connaisseurs.

UN TRAVAIL MINUTIEUX

En descendant dans les plantations, on assistera à la récolte ; munis de hottes à lanière frontale et enfoncés jusqu'à la taille dans les buissons de thé, les planteurs cueillent seulement le bourgeon terminal et les deux petites feuilles adjacentes. Un travail minutieux mais indispensable pour conserver au thé du Rwanda toute sa réputation. 90 % de la production est classée « grade primaire », c'est-à-dire de première qualité.

Portés à l'usine, les chargements de feuilles subiront toute une série d'opérations : aération, lavage (pour éliminer les moisissures), broyage, oxydation, séchage à température moyenne pour ne pas brûler le thé et plusieurs tamisages, puis conditionnement en sachets. Le thé est alors prêt à être vendu en boutique, au Rwanda, mais surtout à l'étranger (seulement 3 % de la récolte est destinée au marché intérieur). La rumeur dit même que la reine d'Angleterre ne boit jamais d'autre breuvage que le thé rwandais !

(Voir « Renseignements pratiques » p. 151.)

> **Ramasseurs dans les plantations de thé.**

> C'est la culture du thé qui domine, depuis la chute du café. On le cultive à peu près partout au Rwanda.

Cyangugu

Cette petite station balnéaire au bord du lac Kivu séduit par son charme un peu désuet. Il suffit de se laisser porter par la Rusizi, rivière-frontière avec le Congo.

Installée au bord du lac Kivu, la petite préfecture de Cyangugu (prononcer « Shangugu ») vit à la frontière de deux mondes, le Rwanda et la République Démocratique du Congo. Et même de trois, avec la rivière Rusizi qui fait communiquer le lac Kivu avec le lac Tanganyika et le Burundi, au sud. Mais cette position stratégique de la ville, qui amena les Allemands à installer un poste militaire à Shangi, au moment du Protectorat, intéresse moins le touriste aujourd'hui que la beauté particulière du site. Toute la côte du lac Kivu est échancrée ici par des baies profondes et se morcelle en péninsules, îles et îlots. De l'autre côté de la Rusizi, la ville-frontière congolaise de Bukavu avance sur une presqu'île, qui ressemble à un navire-amiral ancré dans le port de Cyangugu.
En arrivant de Kigali, la route est magnifique, traversant la forêt de Nyungwe, puis se déroulant entre les immenses plantations de thé destinées aux deux usines de production de la région, Shagasha et Ntendezi.
La première étape se fait à Kanembe, le centre vital et commercial de Cyangugu ; une ville sans trop de charme avec son marché bruyant, ses commerces et sa gare routière. Puis la route descend en lacets vers le lac et le petit port.

MAGIQUE RUSIZI

De l'époque heureuse où de somptueuses villas surplombaient le lac, il ne reste plus rien sinon des souvenirs et des murs vides. Cyangugu a le charme désuet d'une petite station balnéaire, laissée un peu à l'abandon. Pourtant, elle a tous les atouts naturels pour attirer le touriste qui aspire à la contemplation et au calme.
À la terrasse de l'hôtel du lac Kivu, au bord de la Rusizi, et à deux pas du poste-frontière avec la RDC, le temps est au repos. Mais les plus courageux pourront se laisser tenter par une balade à pied le long de la rivière, jusqu'au barrage de

→ MUSIQUE

Coule
Couleuvre agile aux doigts de fée
Dans les nuées ténues de l'éther
Aux jets pétillants
À la cadence de tes ailes d'ange
Qui saute
Sautille
Du néant à nos tympans entrouverts.

La flûte égrène ses sons mélancoliques
Alliés à la voix grave du contralto
Nos tambours boum-boument
Et la trompette fait sourire la voie lactée ;
La guitare appelle la lune
Timidement appuyée au dos du firmament
La voilà venir
Lentement comme une reine à une soirée de gala
Sous l'œil vigilant du prince charmant.
Déjà les étoiles
Une à une
Ne cessent de lancer des clins d'œil

l'usine hydroélectrique, dite « Rusizi I », construite dans les années 1950. Il suffit de prendre le chemin en terre devant l'hôtel et de marcher une bonne heure. La piste s'enfonce entre les bananeraies, serpente entre les maisons des cultivateurs. Le trafic sur la Rusizi est incessant, de grandes péniches reliant les deux rives. Même si le but du parcours s'avère un peu décevant, les chutes d'eau étant canalisées, la beauté du paysage rend l'excursion très agréable. Il est aussi possible de s'y rendre en voiture, en prenant sur une dizaine de kilomètres la direction de Bugarama, vers le Burundi.

La ville de Bugarama, à quelque 60 kilomètres de Cyangugu, est connue pour sa cimenterie, la Cimerwa (appartenant à l'État, mais gérée par des Chinois) et pour ses sources d'eau chaude (Amashyuza). Pour l'instant encore inexploitées d'un point de vue touristique, il est prévu que dans un avenir proche, elles deviennent un lieu de cures thermales.

CIRCUITS ET EXCURSIONS

Cyangugu peut être pris comme un point de départ pour aller visiter la grande Forêt naturelle de Nyungwe, située à moins d'une heure par une bonne route bétonnée. Classée par les autorités rwandaises, elle est à la fois une grande réserve botanique et un sanctuaire pour des animaux comme les singes : cercopithèques, chimpanzés, colobes, cercocèbes, etc. Des circuits sont organisés sur place par les guides de l'ORTPN (Office Rwandais du Tourisme et des Parcs Nationaux), depuis le centre d'accueil, signalé par des panneaux.

En retrouvant la route côtière de corniche (direction Kibuye, au nord), on bénéficiera de superbes points de vue panoramiques sur le lac Kivu et ses innombrables baies, anses ou fjords, particulièrement beaux entre Cyesha et Kirambo. Dans ce dernier petit village, se tient plusieurs fois par semaine un marché traditionnel particulièrement animé ; on y trouve beaucoup d'objets artisanaux (en particulier de la vannerie : nattes, paniers, corbeilles...).

Plus au nord, cette piste – en très mauvais état - mène aux stations balnéaires de Kibuye et de Gisenyi, toutes deux au bord du lac. C'est la seule façon aujourd'hui de rejoindre ainsi directement ces deux autres ports. Les liaisons en

En spectateurs jaloux
Les cymbales ont produit le tonnerre
Les baguettes les éclairs

Voici que les morts se réveillent de la nuit
Les saints s'agitent dans leurs limbes
Et se plaignent de leur malheureuse béatitude
Leurs corps maintenant célestes
Ne peuvent plus valser un coup
Comme ces arbres
Balançant leurs têtes au rythme de la musique
Au gré de la brise
Souffle embaumé qui sort
De la bouche des chanteurs.

Coule
Couleuvre agile aux doigts de fée
Coule et mords ma solitude
J'aime bien ton venin des délices.

Rayons et nuée,
François-Xavier Munyarugerero.

bateau, autrefois régulières, ont été suspendues. Il reste néanmoins possible en se rendant sur le port de trouver une embarcation en discutant avec les pêcheurs et les manutentionnaires qui y travaillent, mais la traversée est alors hors de prix (en moyenne 100 euros).

Enfin, depuis Cyangugu, on peut théoriquement gagner la RDC en entrant par Bukavu. Mais la situation étant très tendue dans cette région, il est plutôt déconseillé de s'aventurer à l'aveuglette !

(Voir « Renseignements pratiques » p. 151.)

> Au sud de Cyangugu, des rizières servent à l'autoconsommation des habitants.

Gikongoro

Le Mémorial du génocide de l'École Polytechnique de Murambi reste le témoin intact de la tragédie qui s'est déroulée en avril 1994, au milieu des collines.

Située à une petite demi-heure de voiture de Butare, la ville de Gikongoro garde les stigmates de l'histoire récente. On peut y visiter le site du Mémorial du génocide de l'École Polytechnique de Murambi, situé à deux kilomètres du centre et accessible par une piste en terre (quitter la route principale au niveau de l'École nationale des Postes).
Début avril 1994, entre 40 000 et 60 000 Tutsis s'étaient réfugiés dans cette école en construction. Les milices interahamwe assiégèrent le site pendant plusieurs jours et donnèrent l'assaut. Le nombre exact des victimes n'a jamais été connu. Et ne le sera sans doute jamais. Aujourd'hui, plusieurs centaines de ces corps, enduits de chaux pour la conservation, reposent dans les bâtiments. Les portes s'ouvrent une à une. La vision est saisissante. On détourne la tête. Dans le livre d'or, à l'entrée de l'école, les témoignages se succèdent. Histoire de ne jamais oublier.
Ce site est l'un des quelque 200 mémoriaux qui sont dispersés à travers tout le pays. Ils sont la marque de la volonté des autorités et des associations de rescapés, dont « Ibuka » (souviens-toi), de laisser une trace, un souvenir. Le comité des sites du génocide est chargé d'entretenir les lieux les plus représentatifs, tels que l'église de Nyamata, à une heure de route de Kigali. Le bâtiment est resté en l'état : toit criblé de balles, fenêtres brisées, crânes visibles dans des caveaux à ciel ouvert.

POUR SE SOUVENIR

Pour accélérer leur réhabilitation, le ministère de la Jeunesse, des Sports et de la Culture, voudrait que plusieurs de ces sites deviennent des musées nationaux. Pour l'instant, le musée de référence reste le site du génocide de Gisozi, à Kigali. Mais le projet, lancé par « Ibuka », d'ériger un véritable centre du mémorial est toujours à l'étude. il s'agirait de regrouper dans un même lieu un centre de recherches, un musée du génocide avec

→ REPORTAGE : RWANDA ENQUÊTE SUR UN GÉNOCIDE.

Voici ce qu'écrivait le grand reporter Rémy Ourdan dans *Le Monde* du 31 mars 1998 :

« Une colline. Le silence. Des maisons de briques de terre, une végétation apprivoisée, des bosquets de bananiers, des champs de sorgho soigneusement cultivés... Une colline à première vue ordinaire. À Murambi, il y a eu des tueries, comme partout. Les cœurs sont tristes st solitaires. Les visages sont fermés. Les regards sont éteints. La différence avec les autres collines est qu'à Murambi, près de Gikongoro, ça pue encore la mort. Emmanuel s'avance. Ses bottes noires sont couvertes de poudre blanchâtre. Il a une manière de saluer, un sourire, un regard... Emmanuel est " mort ". Ainsi nomme-t-on les rescapés au Rwanda, " des morts " que la mort a refusé. (...) »

Ce reportage est le premier d'une série de cinq documents intitulée : *Rwanda enquête sur un génocide.*

des photos, des vêtements des victimes, et un département pour l'assistance des rescapés. Depuis 1995, une semaine de la commémoration du génocide se tient tous les ans du 1er au 7 avril. Et Ibuka continue les célébrations du 7 avril au 4 juillet en organisant des cérémonies sur les différents sites, le jour où les massacres ont eu lieu. Les visites aux familles s'accompagnent de projection de films, de conférences et d'hommages rendus aux « Justes », ceux qui ont sauvé des victimes. (Voir « Renseignements pratiques ' p. 151.)

> La station balnéaire de Gisenyi.

Gisenyi

Ses plages de sable fin, sa brasserie, et le volcan Nyiragongo, menaçant, au loin : Gisenyi est une agréable station balnéaire au bord du lac Kivu.

Le lieutenant allemand Von Götzen ne devait guère avoir l'âme guerrière lorsqu'il fonda le poste de Gisenyi, un beau jour de 1894. Il ne pouvait choisir, dans tout le Rwanda, site plus romantique ; ici, l'extrémité de la haute chaîne des volcans Birunga plonge dans le beau lac Kivu, cette vaste mer intérieure... En prime, le lieutenant pouvait admirer, la nuit, un spectacle qui aurait pu inspirer Richard Wagner : la couronne de nuages au-dessus du Nyiragongo rougeoyant de tous les feux de l'enfer. Car le volcan était en train de se réveiller. Panique et débandade des porteurs et des *askaris* – soldats indigènes – qui détalèrent, laissant Von Götzen seul. Sans se départir de son calme, il entreprit le lendemain matin l'ascension du volcan pour connaître la raison du prodige. Et c'est ainsi que le futur gouverneur du Protectorat allemand du Rwanda devint le premier Européen à gravir le Nyiragongo !
Le 17 janvier 2002, le volcan se réveillait de nouveau, violemment ; en quelques heures, des millions de tonnes de lave ravageaient toute la région. Miraculeusement, la coulée finit sa course dévastatrice aux portes de Gisenyi. Alors que sa voisine congolaise, Goma, était totalement recouverte.
Ainsi préservée, la cité (67 000 habitants dans la ville et ses alentours) reste une station balnéaire très agréable. Pourtant, ancienne Riviera de rêve sous la colonisation belge, Gisenyi revient de loin. Elle a subi ses dernières années le contrecoup des troubles du Congo voisin. La dernière incursion des milices interahamwe remonte à 1998. Aujourd'hui, la ville, parfaitement sécurisée, a retrouvé sa tranquillité et entend jouer la carte touristique. Car il faut rappeler que Gisenyi est plus que fière de ses plages de sables fins qui s'étendent sur près de cinq kilomètres. À 1 400 m d'altitude, elle jouit à la fois du bon air des montagnes et d'un microclimat : la chaleur de l'Equateur y est tempérée par la brise venant du lac, qui a aussi le mérite de repousser les nuages de la mousson.

L'ORPHELINAT DE IMBABAZI DE L'AMÉRICAINE ROSAMOND HALSEY CARR

L'Orphelinat de Imbabazi tenu par l'Américaine Rosamond Halsey Carr est devenu l'une des attractions de Gisenyi.
Cette Américaine, ancienne dessinatrice de mode à New York, a fait du Rwanda son pays d'adoption.
Elle a raconté son histoire dans un livre récemment traduit en français : *Le Pays aux Mille Collines. Ma vie au Rwanda*. Au fil des années, sa propre vie s'est confondue avec l'histoire du pays : elle y dirigea une plantation de pyrèthre, puis une école et se lia d'amitié avec Dian Fossey...
Témoin privilégié, elle décrit le déclin progressif du colonialisme, l'émergence difficile des jeunes États, jusqu'au terrible génocide de 1994.
On la rapatrie alors aux États-Unis, mais bien vite elle rentre au Rwanda et fonde l'Orphelinat de la Réconciliation.
Aujourd'hui, Rosamond est une vieille dame, mais elle reçoit toujours avec plaisir les voyageurs de passage qui, touchés et émus par son livre, viennent lui rendre hommage.

> Sauvage, enchâssé dans les montagnes, au milieu des volcans, le lac Kivu est une véritable mer intérieure.

> Nous pourrions être en Toscane en Italie... Nous sommes à Gisenyi, ville paisible au bord du lac Kivu et au pied de la chaîne des volcans Birunga.

Si l'ancien fleuron de l'hôtellerie à Gisenyi, le Méridien « Izuba », est toujours fermé en attente d'être réhabilité, d'autres établissements ont pris le relais. Le « Palm Beach » d'abord, situé à 50 mètres de la plage, mais aussi le « Belvédère » qui surplombe le lac et offre une vue panoramique exceptionnelle sur les eaux calmes du Kivu et sur l'ombre menaçante du Nyiragongo. Le soir, un saut au « Tam-Tam » s'avère incontournable. Ce petit restaurant, qui s'avance sur le sable, vous propose de déguster de succulents isambazas grillés.

BALADE SUR LA CORNICHE

En dehors du repos et de la baignade, Gisenyi offre de nombreuses promenades dans la région. Mais avant toute chose, une balade le long de la corniche s'impose. Au détour d'un lacet, on découvre une péninsule abritant de magnifiques résidences particulières entourées de jardins plantés d'hibiscus, de bougainvillées, de cactus-candélabres et de sapins. La vue panoramique sur le lac et sur toute la rive congolaise (Goma) est superbe et quelques restaurants élégants permettent de faire une halte réparatrice (« La Fontaine au Bord du Lac », « Le Paradis »). Puis au bout de la corniche, on débouche sur la brasserie Bralirwa, dont la particularité est de tirer son énergie du gaz méthane extrait de l'eau du lac par une unité de pompage-pilote. Produisant les bières pour tout le pays (Guiness, Primus, Mützig), l'usine est le plus gros employeur de la région.
Plus à l'intérieur des terres, la forêt naturelle de Gishwati est à la fois une des dernières forêts d'altitude au Rwanda et un sanctuaire pour la faune (singes). Elle est dominée par le mont Muhe (2 920 m), un belvédère où a été installé un petit motel, doté d'un bar et d'un restaurant.
À une quinzaine de kilomètres à l'est de la forêt naturelle de Gishwati, le petit village de Kageyo, près de Ramba, servit de cadre à la première rencontre entre le lieutenant Von Götzen, dont nous avons parlé plus haut, et le *mwami* (roi) tutsi Rwabugiri, en mai 1894. Envoyé par le gouvernement allemand de Dar es-Salaam, en Tanzanie, Von Götzen venait en reconnaissance, à la tête d'un petit corps expéditionnaire composé de plus de 600 hommes, pour préparer l'implantation de l'Allemagne sur « ses » territoires d'Afrique Centrale. Au cours de cette rencontre, le mwami « auprès duquel les Allemands s'étaient fait annoncer, avait été irrité et secoué par cette première intrusion européenne. Lui, dont la dynastie avait, selon l'adage populaire, " mangé la terre du Rwanda ", redouta de voir les Allemands faire de même à leur tour », écrit l'historien Baudouin Paternostre de la Mairieu, qui ajoute :

« Mais quelles qu'aient été ses appréhensions, la force du corps expéditionnaire l'incita à accepter une rencontre. Il en profita, après un échange d'aménités et de présents, pour sonder l'officier allemand sur les buts de son voyage. Von Götzen, qui ne pouvait découvrir *ex abrupto* les intentions de son gouvernement, déclara qu'il était venu reconnaître la région et notamment les phénomènes volcaniques des Birunga. Mais dans le même temps, en réponse aux jeux et danses organisés en son honneur, il fit exécuter par ses Askaris quelques exercices à l'allemande, et leur fit tirer quelques salves du plus bel effet, incitant ainsi son hôte à la réflexion et à la prudence... »

Gisenyi est également un très bon tremplin pour aller visiter le Parc national des Volcans et ses derniers gorilles de montagne. En effet, nombreux sont les visiteurs qui préfèrent s'y rendre depuis Gisenyi, où une très bonne route goudronnée mène directement à Ruhengeri (à 63 km), plutôt que de partir de Kigali (à 116 km de Ruhengeri), en effectuant un parcours plus long. D'autant qu'il est absolument indispensable d'être au centre d'accueil du parc, à Kinigi, très tôt le matin.

Même si les liaisons régulières par bateau ont été suspendues entre Gisenyi et Kibuye ou Cyangugu, il est possible de se renseigner pour louer un petit bateau personnel.

(Voir « Renseignements pratiques » p. 152.)

> En cultivant précieusement chaque pouce de terrain, les Rwandais ont dessiné sur leur sol de magnifiques mosaïques naturelles de tous les verts et ocres.

Kibuye

Avec sa côte découpée, ses avancées de terre qui se jettent dans les eaux claires du Kivu, Kibuye est la petite station balnéaire préférée des Rwandais.

Déjà, l'arrivée sur Kibuye est superbe : la route de montagne surplombe une sorte de long fjord enchâssé dans des collines verdoyantes. Et, à l'horizon, on a une première échappée sur le lac Kivu. Mais le site même de Kibuye est encore plus ravissant : le bord du lac est découpé en péninsules et en un chapelet d'îlots montagneux, couverts de pans de forêts et de plantations d'un vert éclatant.
Depuis que Kibuye est reliée à Kigali via Gitarama par une très bonne route bitumée (à peine deux heures), la petite station balnéaire est devenue un endroit très à la mode. Tous les week-ends, les Rwandais de la capitale y viennent en famille pour s'y reposer et prendre du bon temps.

REPOS ET SPORTS NAUTIQUES

Deux très beaux hôtels offrent la possibilité de se reposer au bord du lac. D'abord, le « Guest-house », un établissement de haut standing construit à la fin des années 1980, mais complètement réhabilité : les chambres sont situées dans de petits bungalows construits sur le modèle des huttes traditionnelles avec tout le confort moderne ! De là, il est aussi possible de louer un petit bateau moteur pour faire des tours du lac et même de s'adonner au plaisir du ski nautique.
De l'autre côté de la anse, on aperçoit le « Centre Béthanie » construit sur une sorte de presqu'île. Sur sa très belle terrasse qui s'avance sur la mer, la chaise longue est obligatoire ! Histoire de se perdre dans la contemplation du lac et de découvrir, juste en face, l'île Napoléon, ainsi surnommée

> Le temps s'est arrêté dans le calme de Kibuye, station balnéaire préférée des Rwandais.

pour sa ressemblance avec le fameux chapeau de l'empereur. Juste avant, bien sûr, de faire un saut dans les eaux claires. À la tombée de la nuit, le lac commence à s'illuminer de petits points à l'horizon. C'est l'heure où les pêcheurs sortent à la recherche des isambazas, une lampe à pétrole accrochée à l'avant de leur péniche.

À TRAVERS LE BUDAHA

La région du Budaha, autour de Kibuye, se prête également à de nombreuses excursions : par exemple, la petite cascade de la Ndaba, à Rubengera (route de Gitarama) ou la Forêt naturelle de Mukura.
Plus au sud de Kibuye, à l'intérieur des terres : le mont Karongi (2 584 m) offre un superbe panorama sur le Rwanda. Proches de la grande Forêt naturelle de Nyungwe, les plantations de thé de Gisovu fournissent un excellent produit d'altitude, comme celui de la Mulindi, au nord de Byumba et de Kigali. On assistera à la récolte des feuilles de thé et à leur traitement (séchage et conditionnement) dans l'usine construite sur place. Tout autour de Gisovu, les trois petites rivières, Mbirurume, Gatare et Kaganda comptent parmi les innombrables sources du Nil, au Rwanda comme au Burundi.
Pour rejoindre Cyangugu de Kibuye, il faut emprunter une piste de terre en très mauvais état. Elle est réservée aux véhicules tout terrain et aux amateurs d'émotions fortes, surtout lorsque les pluies sont tombées. Comptez en moyenne trois heures pour parcourir 133 kilomètres !
Un grand bus jaune fait la liaison tous les matins dans les deux sens pour seulement 800 Frw. Il est également possible de rejoindre Gisenyi en louant un bateau. La meilleure personne à contacter s'appelle Jean-Baptiste, dit le « maître nageur » ; pour environ 80 euros, il vous emmène au fil de l'eau au son de la musique rwandaise. Trois heures de ravissement pour les yeux. (Voir « Renseignements pratiques » p. 152.)

> Les berges du lac Kivu, très déchiquetées, forment des myriades de péninsules et de fjords.

Kivu (lac)

Véritable mer intérieure, le lac Kivu sert de ligne de partage entre le Rwanda et la République Démocratique du Congo. Il représente une immense réserve de gaz méthane.

Avec ses 2 650 km², le lac Kivu représente l'équivalent de quatre fois et demie le lac Léman. Mais il est minuscule comparé aux autres grands lacs d'Afrique Centrale, comme le lac Tanganyika (31 900 km²), ou le lac Victoria (68 100 km²). Tous ces lacs se sont formés lors de la gigantesque fracture de la plaque africaine : la fameuse « Rift Valley » (ou Grande Faille d'Afrique). Elle creuse un immense fossé, depuis la mer Rouge jusqu'en Afrique Australe, en partie rempli par le chapelet des Grands Lacs. Entre autres, les lacs Turkana, Mobutu (ex-Albert), Victoria, Kivu, Tanganyika et Malawi.

> Les pêcheurs du lac Kivu se sont organisés en coopérative.

AU-DESSOUS DES VOLCANS

À près de 1 400 m d'altitude, le lac Kivu est partagé entre le Rwanda et sa voisine la République Démocratique du Congo, ainsi que les îles qui le parsèment. C'est le *mwami* (roi) tutsi Kigeri Rwabugiri qui réussit, lors de la bataille de Bunyabungo en 1865 contre ses voisins du Kivu, à annexer une bonne partie du lac et, notamment, la grande île d'Ijwi, qui en occupe le centre. Malheureusement, lors du protectorat allemand, une réunion entre puissances européennes, tenue à Bruxelles en février 1910, entre l'Allemagne, la Belgique et l'Angleterre, ramena les eaux territoriales plus à l'est, ce qui fit perdre au Rwanda la propriété de l'île d'Ijwi, au profit du Congo belge. Puis, après les indépendances, elle échut à la RDC, qui la possède toujours aujourd'hui.

D'une grande beauté, le lac Kivu est enchâssé dans les montagnes : crête Congo-Nil à l'ouest (ligne de partage des eaux entre les affluents de ces deux grands fleuves africains) et chaînes des volcans Birunga, au nord. Deux d'entre eux sont encore très actifs : le Nyamuragira, au Congo, mais surtout

> Dans la brume, les berges du lac Kivu forment un paysage étrange et mystérieux.

LES RIVES DU LAC KIVU
Kigali, via Ruhengeri
2 920 m
Mt Muhungwe
Kabaya
RDC
Gisenyi
PROVINCE DE GISENYI
Kigali, via Gitarama
Gisenyi-Kibuye : 3 heures par la piste
Île Bugarura
Île Iwawa
Île Tembabagoyi
LAC KIVU
Kibuye
Gitesi
Mabanza
Kigali, via Gitaram
NORD
PROVINCE DE KIBUYE
Nyabarongo
Île Ijwi (RDC)
Île Mushati
Île Biti
Île Kirehe
Frontière d'État
Limite de province
Route bitumée
Route secondaire, pist
Aérodrome
Hôtels
Tours en bateau, plage
0
10
20 k
Kagano
Kibuye-Cyangugu : 4 heures par la piste
Kagarama
Kigali, via Gikongoro et Butare
Île Nkombo
PROVINCE DE CYANGUGU
Cyangugu
Nyakabuye
Ruhwa
Cyimbogo
RDC
BURUNDI

le Nyiragongo, toujours au Congo, qui s'est violemment réveillé en janvier 2002 après 24 ans d'inactivité : 471 millions de tonnes de lave se sont déversées sur Goma, en face de Gisenyi !
Ce volcanisme n'a pas que des effets néfastes : sous les eaux du lac, du gaz méthane – provenant de failles dans l'écorce terrestre – se diffuse et est exploité. Depuis 1963, une unité-pilote en extrait annuellement 1,2 million de m³ destinés à la Bralirwa, la brasserie de Gisenyi, qui s'en sert pour alimenter ses chaudières (voir encadré). Mais depuis quelques années, un projet de plus grande envergure est à l'étude : exploiter le gaz à une grande échelle pour le transformer en électricité. D'après les évaluations, le lac aurait en réserve 50 milliards de m³ de méthane (soit 20 millions de tonnes équivalent-pétrole).
À la différence de nombreux lacs dans le reste du monde, le lac Kivu ne présente pas un dessin très régulier : ses berges sont, au contraire, très déchiquetées et forment des myriades d'îlots, de péninsules et de fjords. Les amateurs de pittoresque seront comblés ! Il leur suffira d'emprunter la piste en corniche qui relie Gisenyi, au nord, à Cyangugu, au sud, en passant par Kibuye. Ce ne sont pas des dizaines, mais des centaines de lacets qui imposent au conducteur une véritable et périlleuse gymnastique. De plus, ce gymkhana s'effectue en altitude et, souvent, la piste surplombe des gouffres ou des ravins vertigineux ; la vue est superbe et il est quasi impossible d'énumérer tous les belvédères qu'elle offre aux regards. Parmi les plus beaux : la montée au sud de Kibuye et le tronçon de piste entre Kirambo et Cyesha.
(Voir « Renseignements pratiques »)

> Usine d'exploitation du gaz méthane sur le lac Kivu.

« LA BRASSERIE LA BRALIRWA »

De passage à Gisenyi, il est intéressant de faire un détour par la brasserie, la *Bralirwa*, située sur la corniche longeant le lac Kivu. Crées en 1957, les brasseries et limonaderies du Rwanda sont détenues à 70% par le groupe Heineken (le gouvernement rwandais détenant les 30% restants) et emploient aujourd'hui près de 650 personnes. Elle produit la *Primus* (sorgho blanc) et la *Mützig* depuis 1987, la *Guiness* sous licence depuis 1989, et les marques de Coca-Cola. Enfin depuis 2001, elle importe et commercialise sur le marché rwandais l'Amstel produite par la filiale burundaise de Heineken. Présente à Gisenyi - pour la production des bières – et à Kigali – pour celle des sodas – la *Bralirwa* distribue ces produits dans tout le pays, ce qui implique d'importants coûts de transport. Perdu dans la contemplation du lac Kivu, vous pourrez ainsi constater le ballet incessant des bateaux de la *Bralirwa* qui le sillonnent du nord au sud.

Muhazi (lac)

Si les eaux du lac Muhazi sont moins claires que celles du lac Kivu, il n'en reste pas moins que les deux restaurants qui le bordent sont des endroits très agréables pour une pause dominicale en famille.

Quel contraste avec les lacs de cratères des volcans, ronds comme des monocles ! Le lac Muhazi déteste les formes régulières. Se tortillant comme un ver sur plus de trente kilomètres, il pousse également ses ramifications en tous sens, selon un dessin particulièrement torturé. Les eaux y sont moins claires qu'au lac Kivu, mais il a l'avantage d'être plus proche. Mais attention, même si le lac est situé à environ 70 kilomètres au nord-est de Kigali, la route a été très abîmée par la guerre dans beaucoup d'endroits et il faut compter environ une heure et demie pour se rendre sur le site. Le plus facile est d'emprunter la route de l'est vers l'aéroport international de Kanombe-Kigali, puis Rwamagana, à desti-

> Les berges du lac Muhazi.

LES DANSEURS AMAKOMBES

**Makombe du Rwanda,
Base des projets solides,
Déclamez bien haut votre prouesse,
Chantez vos hauts faits,
Soyez dignes du Rwanda qui nous a donné le jour.**

**Vous, intrépides et efficaces,
Là-bas, au loin,
C'est vous que l'on chante.
Vous constituez le point de ralliement des valeurs
Dont est orné le beau Rwanda qui nous a donné le jour.**

**Troupe de virtuoses,
Nos boucliers aux couleurs variées
Sont le signe distinctif de la troupe d'élite.
Ils sont ornés de motifs éclatants,
Dignes du beau Rwanda qui nous a donné le jour.**

nation du Parc national de l'Akagera. Bifurcation peu après sur le nord au niveau de Kayonza, par la route qui mène vers l'Ouganda.

DU POULET GRILLÉ ET DE L'IGISAFRIA

Plus qu'une véritable base de loisirs, le lac Muhazi est agréable pour un déjeuner dominical. Ainsi, le week-end venu, les deux restaurants installés au bord du lac se remplissent. Ils se suivent sur la route qui mène vers Gahini. Le premier, Le « Jamboo Club », est un endroit accueillant pour manger un poulet grillé, avant de faire un tour du lac en péniche à moteur.
Le second, le « Seeds of Peace » géré par le diocèse de Gahini, propose également quelques chambres. Au fond du jardin, une hutte traditionnelle a été reconstituée, à l'image de celle que l'on peut voir au Musée national de Butare. On peut aussi manger dans de petites huttes en paille de l'*igisafria*, plat en sauce avec du poulet et des bananes. Mais notez que les principes religieux interdisent strictement de fumer et de boire de l'alcool !
Rien n'empêche les visiteurs d'effectuer des trekkings dans la région ou de se rendre au Parc national de l'Akagera, tout proche. (Voir « Renseignements pratiques » p. 152.)

> Très nombreux eux aussi, les lacs n'ont rien à envier aux « mille collines » du Rwanda.

**Spectacle de choix que nous sommes,
Lorsque nous portons
Nos coiffures de bonne confection,
Nous leur imprimons un mouvement élégant,
Digne du beau Rwanda qui nous a donné le jour.**

**Foudres impétueuses,
Lorsque nous déployons l'élégance de nos bras,
Nous affirmons fermement
Que tous nos rangs
Sont dignes du beau Rwanda qui nous a donné le jour.**

**Vous que l'on apprécie pour votre supériorité sur les rivaux,
Faites retentir vos grelots
En accompagnement harmonieux de vos hauts faits.
Vous êtes dignes du beau Rwanda qui vous a donné le jour.**

Chansons rwandaises,
Cyprien Rugamba.

Nyanza

Ancienne capitale royale, Nyanza est riche de ses 500 ans d'histoire. Véritable sanctuaire des traditions rwandaises, vivant dans le souvenir des *mwamis*, les rois, et perpétuant le folklore des danseurs *Intores*.

Sortant de la grande route goudronnée qui relie Kigali à Butare, une petite voie campagnarde file vers l'ouest dans les collines, traversant des pâturages et des champs très verts. Près de Nyabisindu, voici Nyanza avec sa grande bâtisse posée sur les herbages, sur la crête d'une colline. Dans cet endroit bucolique à souhait s'installèrent les derniers *mwamis* (rois) rwandais.
Aujourd'hui, deux bâtiments ont été transformés en petits musées et peuvent être visités : le premier situé à 4 km du site originel est une reproduction parfaite du palais royal traditionnel ; le second est resté en l'état, construit en 1932 par Mwami Rudahigwa Mutara III.
En association avec le ministère du Tourisme, le ministère de la Culture s'est lancé dans un grand projet de réhabilitation du site et a même déposé une demande auprès de l'UNESCO afin qu'il soit classé « patrimoine de l'humanité ». Cette classification redonnerait à Nyanza toute la majesté de sa période royale. Depuis la fin de l'année 2002, les bâtiments sont sous le patronage du Musée national de Butare et quelques pièces devraient être déplacées. Il est aussi question de reconstituer un théâtre et d'établir une Académie des Arts et du Spectacle.

LES INTORES - LES MEILLEURS

Si Nyanza n'est plus aujourd'hui le siège officiel du Ballet National, elle reste toujours le berceau de la tradition des danseurs « Intores ». Bien que la troupe ait été officiellement créée en 1974, les Intores existaient déjà depuis des siècles et, venus du Burundi, ils ont été introduits au Rwanda à la fin du XIXe siècle. Parmi les nombreux jeunes gens qui postulaient à cet emploi, on prenait les « meilleurs » (*Intores*, en kinyarwanda), d'où leur nom.

→ LA LÉGENDE DU ROCHER DE KAMEGELI

Une funeste histoire est liée aux rochers de Kigoma-Butare, qu'on aperçoit de la grande route nationale, en contrebas, lorsqu'on vient de Kigali et de Gitarama.
Au temps du *mwami* Gahindirio, le monarque réunit toute sa cour et ses serviteurs pour leur demander d'imaginer un châtiment exemplaire pour un voleur.
L'un des proches du mwami, Kamegeli, eut l'idée de défricher la forêt toute proche et d'en faire un bûcher pour chauffer à blanc les rochers afin d'y faire cuire le coupable.
Le mwami Gahindirio fut tellement outré par la férocité de ce supplice qu'il le réserva au démoniaque Kamegeli. Depuis, les gens du voisinage ont surnommé ces pierres : « le rocher de Kamegeli ».

En fait, à l'époque monarchique, les guerres étant fréquentes, ces Intores étaient surtout des guerriers, organisés en compagnies, qui s'exerçaient à la guerre et apprenaient à se battre aussi bien avec une épée, une lance ou un arc. Les danses guerrières, pour lesquelles les Intores portaient toutes leurs armes, faisaient partie des arts martiaux et de ce long apprentissage du combat.
Avec l'arrivée des Européens – Allemands et Belges – au Rwanda, les guerres entre royaumes cessèrent et les milices furent démantelées. Les danses devinrent des simulacres et les ballets du *mwami* ne firent des apparitions que durant les cérémonies. Aujourd'hui, la danse reste très présente au Rwanda ; outre le Ballet national, de très bonnes troupes privées ont émergé à Kigali ou Gisenyi. Depuis 1998, la capitale accueille tous les deux ans, au mois de septembre, le FESPAD, le seul festival de danse en Afrique.

DANSEURS ET TAMBOURINAIRES

> **Les « Intores », portent des coiffes-crinières en fibres de bananier ou de sisal.**

Aujourd'hui, lorsqu'ils se produisent, les Intores revêtent les mêmes habits que leurs ancêtres : coiffe-crinière en fibres de bananier ou de sisal (*umugara*), baudrier de perles, jupe en peau de serval ou de léopard *(inkindi*) et dans chaque main la lance (*icumu*) et le petit bouclier de bois, peint de motifs géométriques *(ingabo*). Tambourinaires et joueurs de trompes les accompagnent, ouvrant le spectacle par des rythmes effrénés.
Autrefois, les spectateurs contribuaient à stimuler les danseurs par leurs acclamations et la déclamation de poèmes guerriers ; de nombreuses figures étaient exécutées, dont la plus classique est *l'umuhamirizo*, danse guerrière où les exécutants font tourner leurs crinières de concert.
Voici comment un Européen – Félice Bellotti – décrit un de ces spectacles de ballet dans les années 1950 : « Lorsqu'arrive la date fixée pour la grande fête, la vaste clairière qu'on laisse dégagée tout exprès dans Astrida (actuelle Butare) se remplit de curieux. On voit arriver de loin des célébrités nègres et un grand nombre de Blancs, touristes ou non, organisent leur voyage au Congo de manière à se trouver dans le voisinage d'Astrida au moment des fêtes de l'indépendance. En un lieu consacré, on voit le roi et la reine Rosalie Gicanda. Autour d'eux, strictement disposés selon l'étiquette de la cour et les préséances, il y a les *bakomas*, prophètes, sorciers, devins, historiographes, les *ambasciosis*, gardiens de l'arsenal et des biens du roi, puis les ministres et les grands chefs des localités voisines, où même ceux de contrées fort éloignées. »
« Le spectacle consiste en un concours d'agilité, de résistance et d'art entre les *isocyaka* (ceux qui rivalisent) et les *indashyikirwa* (les imbattables). Les premiers sont des Batwa

> À Nyanza, sanctuaire des traditions rwandaises, les Intores perpétuent les danses séculaires.

> À l'époque monarchique, les Intores étaient surtout des guerriers.

conduits et instruits par un Mututsi, les seconds sont les extraordinaires Intore.
« Les Batwa ouvrent les danses en exécutant le thème de l'entrée en scène et celui du salut. Il y a ensuite une pause au cours de laquelle tout le corps de ballet chante les louanges des anciens héros des Batutsis, héros qui, bien souvent, n'ont jamais existé. Quand le roi bat des mains, les Batwa recommencent leurs danses, mimant le "tatouage", "l'incomparable" et "le cas plus difficile".
« À ce moment, les Intores se précipitent dans l'arène, la tête ornée d'une peau de colobo (singe blanc), le corps enveloppé d'une draperie multicolore ou de peaux de léopard, les armes à la main. L'ensemble de leur mimique s'appelle "ce qui met fin à toute discussion" et se compose de nombreuses danses : celle de la "grue couronnée", celle du "fulgurant", celle de "l'invincible ", etc. Tout s'achève par le pas de sortie et le pas de remerciement.
« Ces longs corps souples, la succession rapide de pas acrobatiques et de sauts démesurés, le chatoiement des costumes bigarrés, le rythme, tantôt violent, tantôt caressant de la musique, les armes scintillantes et les longs bâtons ornés d'épaisses franges de raphia forment un inoubliable spectacle... »

En remontant par la route de Gitarama et de Kigali, au nord de Nyanza, on pourra s'arrêter à Kabgayi pour y visiter l'intéressant Musée ethnographique de la mission. On peut y voir des tissus anciens, des vieux outils, des instruments de musique... Tout de suite après, au nord, Gitarama est célèbre pour son stade de la Démocratie, où a été solennellement inhumé le premier président de la République en août 1986 et où eut lieu la réunion historique du 28 janvier 1961 ; ce jour-là fut proclamée la première République du Rwanda (avec comme président M. Dominique Mbonyumutwa), et furent créées des institutions, comme la Cour suprême et l'Assemblée législative...

DE NOMBREUSES CURIOSITÉS

Dans cette préfecture de Gitarama, on ne compte plus les sites historiques, légendaires ou les curiosités naturelles. Parmi les plus connues, on citera le rocher de Kamegeli (voir encadré), près de Kigoma, les chutes de Nyamyotsi près de Mushubati, la chaîne de montagnes de Ndiza entre Bulinga et Nyakabanda et d'innombrables traces du passage du *mwami* Ruganzu (ses empreintes de pieds sur des rochers à Mushishiro, à Buhoro, à Kirwa et à Kinigi, son jeu d'igisoro creusé dans un autre rocher à Gihara, ses puits à Gasoro) ou du *mwami* Rwabugiri (arbres plantés par le souverain à Bitare, à Nyabitare, à Gitwa, à Byimana, à Gikoma).
De pittoresques légendes sont également attachées à plusieurs gros rochers de la région. Ainsi, près de Murama, un petit rocher tuerait instantanément, dit-on, les oiseaux qui tentent de s'y poser et les petits animaux qui y grimpent. Autre rocher magique, celui de Kagarama, non loin de Gitarama (14 500 habitants) : les pluies tombent à seaux lorsqu'on bouge la pierre et cessent dès qu'on la remet en place. Enfin, à Gyeza, près de Gitarama également, une source miraculeuse donnait du lait pendant les famines. Malheureusement, un certain Sebwugugu, trouvant que son débit – au compte-gouttes – n'était pas assez fort, décida de concasser le rocher d'où sortait la source, mettant ainsi fin au prodige.

(Voir « Renseignements pratiques »)

Nyungwe (Réserve naturelle de)

Elle est l'une des dernières forêts primaires d'altitude en Afrique, lieu-refuge de nombreuses espèces de petits primates : « magistrats », chimpanzés, cercocèbes... et de plus de 150 espèces d'oiseaux !

Avec leurs grands favoris blancs et leur pelage noir de jais, les colobes d'Angola évoquent irrésistiblement les juges, procureurs et greffiers du XIXe siècle, caricaturés par Honoré Daumier. C'est pour cette raison que de facétieux naturalistes les ont surnommés les « magistrats ». Une grande attraction de la Forêt naturelle de Nyungwe qui attire de plus en plus les amoureux de la nature. En famille, seuls ou escortés de guides qu'ils trouveront au petit centre d'accueil rustique de Uwinka, ils viendront arpenter les sept circuits de randonnées qui ont été aménagés ici par l'ORTPN (Office Rwandais du Tourisme et des Parcs Nationaux) ; chaque circuit est marqué d'une couleur spécifique. En quête de ces fameux « magistrats » qui vivent en bandes dans les arbres, mais aussi de leurs cousins cercocèbes (« à joues grises ») et cercopithèques (ascagne, « à tête de hibou », singes dorés et singes argentés, mones et de l'Hoest). Sans oublier les sympathiques chimpanzés, dont tout le monde connaît les mœurs depuis longtemps. Au total, ce sont treize espèces de primates et de chimpanzés qui s'ébattent joyeusement dans la forêt.

SUR LA CRÊTE CONGO-NIL

Protégée par les autorités rwandaises, qui veulent lui accorder le statut de « Parc national », Nyungwe est à la fois la plus vaste (970 km^2), et l'une des dernières forêts primaires d'altitude en Afrique. S'étageant de 1 700 m à 3 000 m, elle offre aux promeneurs et aux automobilistes qui la traversent par la route goudronnée allant de Butare à Cyangugu, au bord du lac Kivu, une scénographie d'une exceptionnelle beauté. Son relief est en effet particulièrement accidenté : pics et crêtes dominent une route en corniche qui surplombe des gouffres envahis par une épaisse forêt équatoriale.
En empruntant les sentiers balisés et en se glissant sous le couvert, on aura inévitablement à traverser des ruisseaux, rivières et torrents de montagne. Car tout ce massif, qui appartient à la Crête Congo-Nil coupant le Rwanda en deux, du nord au sud, est un véritable château d'eau. C'est à Nyungwe, en particulier, que l'un des deux grands fleuves du Rwanda, l'Akanyaru, prend sa source.
Outre les singes, la forêt abrite également quelques antilopes (céphalophes à front noir ou à dos jaune), quelques léopards, servals et porcs-épics. À l'accueil de Uwinka, le crâne d'un éléphant d'altitude est exposé (plus petit que les éléphants de savane), ce qui semble être le dernier vestige de l'espèce. Avant la guerre, quelques-uns d'entre eux s'étaient réfugiés dans les marais de Kamiranzovu, au nord-ouest de Nyungwe.

> Des patrouilles anti-braconnage protègent la forêt.

LUTTE CONTRE LE BRACONNAGE

Les ornithologues amateurs viennent ici pour observer les oiseaux en grand nombre (150 espèces différentes).
Tous les visiteurs font provision d'air pur et de chlorophylle dans cette forêt qui conserve de très beaux arbres et des essences précieuses, autrefois exploitées pour l'ébénisterie. Sans parler des

RÉSERVE NATURELLE DE NYUNGWE
vers Kibuye
LAC KIVU
PROVINCE DE KIBUYE
Kagano
Bigugu 2 949 m
PROVINCE DE CYANGUGU
Bureau du parc
Centre d'accueil d'Uwinka
Kamiranzovu
Rukarara
Rubyiro
vers Gikongoro, Butare et Kigali
Cyangugu
RÉSERVE NATURELLE DE NYUNGWE
Ngabwe 2 767 m
Bivumu 2 574 m
PROVINCE DE GIKONGORO
Ruhwa
Koko
Akanyaru
BURUNDI
Uwagahunga 2 835 m
Ubuyumbu
Réserve naturelle
Frontière d'État
Limite de province
Route bitumée
Route secondaire, piste
Site de camping
0
5
10 km

plantes épiphytes, comme les orchidées sauvages, dont cette forêt compte de nombreuses variétés recherchées par les élégantes et les botanistes.

Pour préserver cet espace de beauté, le Rwanda doit malheureusement livrer une véritable guerre. Car dans ce petit pays, les bonnes terres cultivables sont de plus en plus rares. Aussi, comme les autres « forêts naturelles » du Rwanda, Nyungwe n'échappe pas au grignotage de son territoire par les communes qui la bordent. Outre les défrichages clandestins, elle subit aussi les assauts des bûcherons qui abattent ses arbres pour en tirer du bois d'œuvre ou du combustible. Sans oublier les braconniers qui recherchent particulièrement la « viande de brousse » des antilopes, aulacodes, rats de Gambie, et des porcs-épics. Le long de la route, des cabanes-refuges pour les dizaines de militaires qui sillonnent quotidiennement la forêt rappellent au touriste, si besoin est, que la zone est ultra-protégée et surveillée.

À la périphérie de la forêt, le vaste programme de reboisement initié au début des années 1970 se poursuit. Il existe aujourd'hui une véritable « ceinture de reboisement-tampon » qui couvre plus de 2 500 hectares au nord de la forêt. On y a planté des essences à croissance rapide, comme les pins, les cyprès et les acacias qui servent de bois de chauffage efficaces pour la population riveraine.

(Voir « Renseignements pratiques » p. 152. On peut camper près du point d'entrée d'Uwinka.)

> À toute heure, de retour du marché, de longues colonnes de villageois s'étirent le long des routes.

Ruhengeri

Point de départ idéal pour les excursions vers le parc des Volcans ou vers les lacs Bulera et Ruhondo, Ruhengeri est doté de beaux hôtels. Vous passerez ainsi une bonne nuit réparatrice avant de vous lancer dans l'ascension du mont Karisimbi !

Ville d'altitude, Ruhengeri n'attire pas les visiteurs pour son bon air des montagnes ni pour son pittoresque. C'est avant tout un gîte d'étape avant d'attaquer, le lendemain matin, l'ascension des volcans Birunga où vivent les derniers gorilles de montagne. À Ruhengeri, de bons hôtels et de nombreux commerces sont à la disposition du touriste qui pourra s'approvisionner en vivres et en boissons pour les trekkings en montagne et les safaris-visions dans le Parc national des Volcans. Un volet ayant été consacré au parc dans le chapitre « Site par site », nous ne nous attarderons pas sur les nombreux circuits touristiques qu'on peut y organiser.

> Un bar à Ruhengeri.

VERS LES LACS BULERA ET RUHONDO

Parmi les autres excursions à effectuer autour de Ruhengeri, il faut citer en particulier celle des lacs Bulera et Ruhondo. À l'origine, ces grands plans d'eau n'en faisaient qu'un ; ils ont ensuite été séparés par les coulées de lave du volcan Muhabura, aujourd'hui éteint (4 127 m), qui les domine. Au milieu de ces lacs d'altitude (plus de 1 800 m), enchâssés dans la végétation dense et couverts de plantations en terrasses, émergent de nombreux îlots verdoyants.

Certains – dit la légende – auraient été placés ici pour servir de gué au *mwami* Ruganzu, lorsqu'il venait chasser. D'ailleurs, plusieurs sites dans la région conservent les empreintes de ses pas et celles de ses chiens, comme ces rochers montrés par les paysans près de Nyamugali.

Une belle curiosité naturelle à ne pas manquer : les chutes de Rusomo, près de Butaro (ne pas les confondre avec les chutes de Rusumo, dans le sud-est du Rwanda, à la frontière de la Tanzanie). Dans un immense chaos de rochers tombent les eaux du petit fleuve marécageux Rugezi.

(Voir « Renseignements pratiques » p. 152.)

Rusumo (Chute de)

Une des curiosités du pays à ne pas manquer ! La chute d'eau de Rusumo qui sert de frontière naturelle entre le Rwanda et la Tanzanie.

Tombant sur une dizaine de mètres, les flots bruns du fleuve Akagera viennent se fracasser sur un chaos de rochers, en grondant et en libérant de grands nuages d'embruns. Cette chute d'eau de Rusumo, à la frontière sud-est du Rwanda avec la Tanzanie, est l'une des grandes curiosités naturelles du pays. On peut l'admirer tout à loisir et la photographier du haut d'un pont enjambant l'Akagera. Celui-ci est considéré comme le cours supérieur du Nil, le fleuve-roi des Égyptiens. Comme on le verra sur une carte, l'Akagera sert de frontière avec la Tanzanie sur tout l'est du Rwanda, délimite aussi le grand Parc national de l'Akagera (voir chapitre « Site par site ») et sépare également le pays du Burundi, au sud.
À partir du lac Rweru, dont il est l'émissaire, l'Akagera change de nom et devient, en amont, le Nyabarongo, qui passe près de Kigali et traverse tout le plateau central, en de larges méandres. Montant vers le nord, en direction de Ruhengeri, le Nyabarongo s'infléchit brutalement et pique vers le sud, en longeant la Crête Congo-Nil, château d'eau du Rwanda et de la RDC. Sur son cours supérieur, ce petit fleuve se dédouble en deux affluents : la Rukarara et le Mwogo, qui prennent leur source dans – ou près – de la Forêt naturelle de Nyungwe, en préfecture de Gikongoro.

UNE VIEILLE ÉNIGME

Selon les géographes, les sources du Nil seraient celles de l'une de ces deux rivières. Une énigme qui passionnait déjà les Anciens, car l'empereur Néron décida, à l'époque, d'envoyer deux centurions pour reconnaître le réseau supérieur du Nil. Sans résultat. C'est seulement au siècle dernier que les premières grandes expéditions ordonnées par Méhémet Ali, vice-roi d'Égypte, commencèrent à reconnaître le cours supérieur du Nil Blanc. Dans les années 1860, les explorateurs britanniques Speke, Grant et Burton seront les premiers Européens à pénétrer dans la région des Grands Lacs et à reconnaître les sources du Nil.

DÉCORATIONS EN BOUSE DE VACHE

Une des curiosités du Gisaka, région de Rusumo et de Kibungo, est la décoration traditionnelle des maisons avec de la bouse de vache sèche. À partir de ce matériau, les jeunes filles – exclusivement – vont modeler sur les cloisons intérieures et les piliers des maisons des reliefs en forme de spirales, de losanges, de triangles, de zigzags, de chevrons ou de damiers. Ensuite, elles peindront ces murs avec des couleurs naturelles : ocre rouge, blanc de kaolin, noir animal, etc.
Sur la route de Rusumo à Kibungo, on trouvera des ateliers perpétuant cette tradition artisanale et continuant à utiliser la bouse pour des tableaux muraux ou pour en décorer des récipients divers, comme les anciens pots à lait en bois et en forme de bouteille.
(Voir « Renseignements pratiques » p. 153.)

> Une des curiosités naturelles du pays, la chute de Rusumo sur le fleuve Akagera.

Rutongo

Avant le génocide, cette petite ville était connue pour le talent de ses brodeuses. Aujourd'hui, des veuves ont créé une association et perpétuent la tradition dans un véritable petit centre d'artisanat.

Ce petit village est situé à une demi-heure de Kigali (25 km) ; il faut prendre la route de Byumba sur 10 km, puis bifurquer sur la gauche et monter jusqu'à Rutongo, par la piste. Des maisons perdues parmi les bananeraies, le clocher d'une église, une école, un grand hôpital : Rutongo est une ville tranquille à flanc de colline. Mais plus qu'ailleurs, la tradition a laissé ses empreintes. Avant les événements, les Sœurs belges de la Visitation avaient créé un grand atelier qui accueillait 260 brodeuses. Cet art se transmettait de mère en fille, et les femmes de Rutongo étaient réputées pour l'agilité de leurs doigts de fée. Mais vint le temps du génocide : Rutongo fut alors le théâtre de terribles massacres et les Sœurs prirent la fuite. Quelques anciennes brodeuses devenues veuves décidèrent alors de monter une association (*Dushyigikirane* : « Soutenons-nous ») et de relancer l'ouvroir.

> Souvenir de l'ancien centre d'artisanat des religieuses de Rutongo.

Aujourd'hui, le projet s'est développé et l'association a ouvert un véritable centre d'artisanat : broderie (nappes, tableaux, sets...), couture, savonnerie, boulangerie (qui vend le meilleur pain de la région, affirme-elle !), boutique où vous pourrez acheter le miel produit sur les collines... L'association emploie à présent 200 veuves. Mais l'aventure n'aurait pas été possible sans la rencontre entre deux femmes, la présidente rwandaise Constance et une Suisse italienne Gabriella, qui arriva pour la première fois dans la région en mai 1994. Presque aussitôt, Gabriella monte une association en Suisse pour soutenir les femmes rwandaises (*insieme per la pace* : « ensemble pour la paix »). Et grâce à ce financement, les veuves lancent de nouveaux projets dans l'agriculture et la pisciculture.
Si vous vous rendez à Rutongo, vous pourrez ramener quantité de jolis souvenirs mais surtout admirer (et soutenir) le courage de ces femmes.
De Rutongo, on peut continuer la promenade plus au nord sur Byumba (voir chapitre « Site par site ») et visiter les grandes plantations de thé.
(Voir « Renseignements pratiques » p. 153.)

Volcans (Parc national des)

Depuis la fin 2002, le Parc des Volcans est devenu patrimoine mondial naturel et culturel de l'UNESCO. Cet immense espace protégé de 13 000 hectares reste l'un des seuls endroits au monde où l'on peut observer en toute quiétude les derniers spécimens de gorilles de montagne.

Il faut tout d'abord gagner Ruhengeri, à 116 km au nord de Kigali, par une belle route panoramique, tout en lacets. Puis c'est la piste, jusqu'au centre d'accueil du parc, à Kinigi, dans le magnifique décor de montagne des Birunga (Virunga, au Congo). Cette chaîne de volcans, qui forme la frontière entre le Rwanda, la République Démocratique du Congo et l'Ouganda, s'étale largement sur ces trois pays. Couverte de forêts, elle compte surtout – côté Rwanda –, des volcans éteints, dont les cratères sont souvent occupés par de petits lacs. Côté congolais, de grands volcans actifs, comme le Nyamuragira, qui connut sa dernière éruption en décembre 1976 et plus récemment le Nyiragongo qui a détruit près de 80 % de la ville de Goma, le 17 janvier 2001.

DANS LA CHAÎNE DES BIRUNGA

Du centre d'accueil de Kinigi, on aperçoit les cinq volcans aux noms évocateurs. Juste au-dessus : le Sabyinyo (3 634 m), le plus ancien des Birunga (ce mot signifie « volcan » au Rwanda), hérissé de cinq sommets dentelés. C'est pour cette raison qu'il a été appelé, en kinyarwanda, « le père des dents ». À côté du Sabyinyo, à l'est, le Gahinga est le plus petit des Birunga ; il culmine seulement à 3 474 m. Son nom signifie « montagne des cultures », car il offre un chemin aux paysans rwandais pour aller acheter des outils agricoles chez les forgerons, en Ouganda. Tout à fait à l'est, le Muhabura (4 127 m), jeune volcan dont le cratère, bien dessiné, abrite un petit lac. Servant de repère aux voyageurs, il a été appelé « celui qui montre le chemin ».
En se tournant vers l'ouest, on voit – ou l'on devine, lorsqu'ils sont couverts de nuages – les deux grands volcans, rendus célèbres par la zoologue Dian Fossey. Elle y vécut, en effet, et installa un centre de recherche sur les primates, entre le mont Bisoke ou Bushokoro (3 711 m) et le Karisimbi (4 507 m), le plus haut sommet de la chaîne et de tout le Rwanda. Le nom du premier signifie « là où les troupeaux vont boire », car il compte plusieurs lacs, et le second tire son nom de « coquillage blanc », allusion poétique à son cratère, parfois couvert de neige. Aujourd'hui, le centre de recherches de Karisoke est pratiquement en ruines, mais un programme financé par la revue « National Geographic » et la « Fondation Dian Fossey » devrait permettre de le réhabiliter rapidement. Toutefois, une équipe de recherches est toujours sur place, étudiant ces grands primates.

UN CHASSEUR DE GORILLES

Paradoxalement, c'est un chasseur de gorilles qui, le premier, a eu l'idée de protéger ces grands primates, en faisant aménager une réserve dans le massif des Birunga. En 1925, l'Américain Carl Akeley, déçu de revenir bredouille lors d'un safari dans les volcans, mais inquiet de leur quasi-disparition, conclut qu'il fallait enrayer cette hécatombe en prenant des mesures énergiques de protection. Ami du roi des Belges, Albert Ier, il obtint du souverain qu'on aménage le premier parc national en Afrique, dans la chaîne des volcans Virunga, côté congolais. En 1929, le Parc national Albert engloba, cette fois, le versant rwandais. Mais lors de l'Indépendance du Congo belge, en 1960, le parc Albert devint distinct du Parc national des Volcans du Rwanda. Aujourd'hui, ce dernier occupe une superficie de 13 000 hectares environ. Grâce à la naturaliste américaine Dian Fossey, il est devenu un grand sanctuaire pour les rarissimes gorilles de montagne (gorilla gorilla berengei), dont il ne reste que 650 spécimens au monde, dont environ 350 sur la chaîne des Volcans.

> Symbole du Parc national des Volcans, le gorille.

Traqués par les chasseurs de trophées et les trafiquants travaillant pour le compte des zoos, les gorilles sont également victimes des agriculteurs. Ceux-ci grignotent chaque jour davantage leur territoire, en défrichant les forêts pour les mettre en culture. Aussi le gouvernement rwandais, appuyé par le « Dian Fossey Gorilla Found Europe », organise des programmes de sensibilisation auprès de la population locale.

Depuis plus de 30 ans a démarré le projet « Gorilles de Montagnes ». À son actif, la lutte contre les braconniers, grâce à la mise en place de patrouilles de gardes et l'organisation du tourisme « gorilles » (payant), pour rentabiliser le parc. Dans le cadre de cette opération, des campagnes d'éducation du public rwandais ont également été lancées afin de convaincre la population de l'intérêt de conserver ce parc et de protéger sa faune.

Dès le petit matin, les quelques touristes autorisés à voir les gorilles pour la journée – un groupe de 30 personnes au maximum par jour – sont placés sous la conduite des gardes. Bâton en main, ils s'attaquent à la montée dans les volcans. Chaque petit groupe de touristes (5 à 8 personnes) part à la rencontre de « son » groupe de gorilles. Il n'est pas question de laisser les visiteurs aller à l'aventure dans le parc, perturber les animaux et risquer de se faire blesser. Il s'agit d'un tourisme sélectif et planifié.

Depuis Kigali, en effet, il est préférable de réserver son tour de visite auprès de l'ORTPN (Office Rwandais du Tourisme et des Parcs Nationaux), installé en plein centre de la capitale rwandaise. Le parc n'étant pas un zoo, les scientifiques ont recommandé que le quota des 30 visiteurs par jour ne soit pas dépassé. Enfin, dernière recommandation : ne pas être malade – grippé par exemple – pour ne pas contaminer les gorilles, dont la constitution est assez fragile.

LES PRÉCAUTIONS D'USAGE

En bonne santé – et en bonne forme physique –, il ne reste plus qu'à grimper. À pied, par des chemins plutôt raides et glissants. Le souffle coupé et le cœur battant, chacun est obsédé par la même question : « Et si les gorilles n'étaient pas là, après s'être donné tout ce mal ? » Car tous les gorilles du parc se déplacent constamment à l'intérieur de leur territoire – de 3 à 40 km² – et peuvent rester hors de vue. De plus, toute la colonie de ces grands primates rwandais n'est pas intégralement visible, car elle a été divisée en trois groupes : les gorilles qui restent totalement à l'état sauvage et ne doivent être approchés par personne ; ceux qui sont exclusivement étudiés par les scientifiques et, enfin, quelques petits groupes susceptibles de recevoir la visite des touristes, sans aucun risque. Ainsi, quatre groupes de gorilles peuvent être observés. À condition, toutefois, que ces touristes observent les précautions d'usage. Ne pas s'approcher des gorilles à moins de 5 mètres. Parler à voix basse. Ne pas photographier au flash. Ne pas fuir si un gorille devient menaçant, mais ne pas bouger, en prenant une position de « soumission ». Et ne pas s'attarder. Car au-delà d'une heure, la présence des étrangers rend les gorilles nerveux : ils grognent, se battent avec leurs congénères... autant de signes avant-coureurs d'une agressivité qui peut très bien se retourner contre les visiteurs.
Traversant d'immenses forêts de bambous géants, puis de petits marécages, où il n'est pas rare de s'enfoncer jusqu'à mi-mollet, le petit groupe de visiteurs suit, à la file indienne, les guides qui ouvrent la voie à la machette. Car on entre maintenant dans une mer d'herbes folles et d'orties. Il faut encore passer à gué de petits torrents de montagne et monter, monter.

DES GORILLONS ESPIÈGLES

Après deux à trois heures d'ascension, voici les premiers excréments de gorilles. Encore frais. Brusquement, on passe de l'autre côté d'une crête et, jusqu'à l'horizon, ce ne sont que des monts et des vallées couverts de forêts denses. Dans la pente, un buisson piétiné et tapissé de fientes forme comme une grotte de verdure : c'est le « nid » d'un gorille, récemment occupé.
Il semble que le guide de tête fasse grand bruit en coupant les branchages. Erreur ! c'est un énorme gorille adulte qui tire sur un arbuste pour en courber les branches et en consommer les feuilles. Il nous tourne le dos à dix mètres. Nous passons près de lui sans qu'il ne manifeste la moindre réaction. En contrebas, couchés dans l'herbe, une demi-douzaine de gorilles avec leurs petits se « dorent » au soleil. Espiègles, les gorillons se roulent sur le dos de leur mère, grimpent aux arbres, se battent, se séparent, courent vers les touristes et repartent faire des culbutes. Grands comme des chimpanzés, les petits ont le pelage ébouriffé et doux comme les ours en peluche. Leurs parents ont le poil plus noir et plus long couvrant une bonne partie de la figure et donnant au gorille cet air farouche et ombrageux. Rares sont les occasions de croiser leur regard, car ils sont trop absorbés à contempler le ciel, en somnolant, ou à regarder les

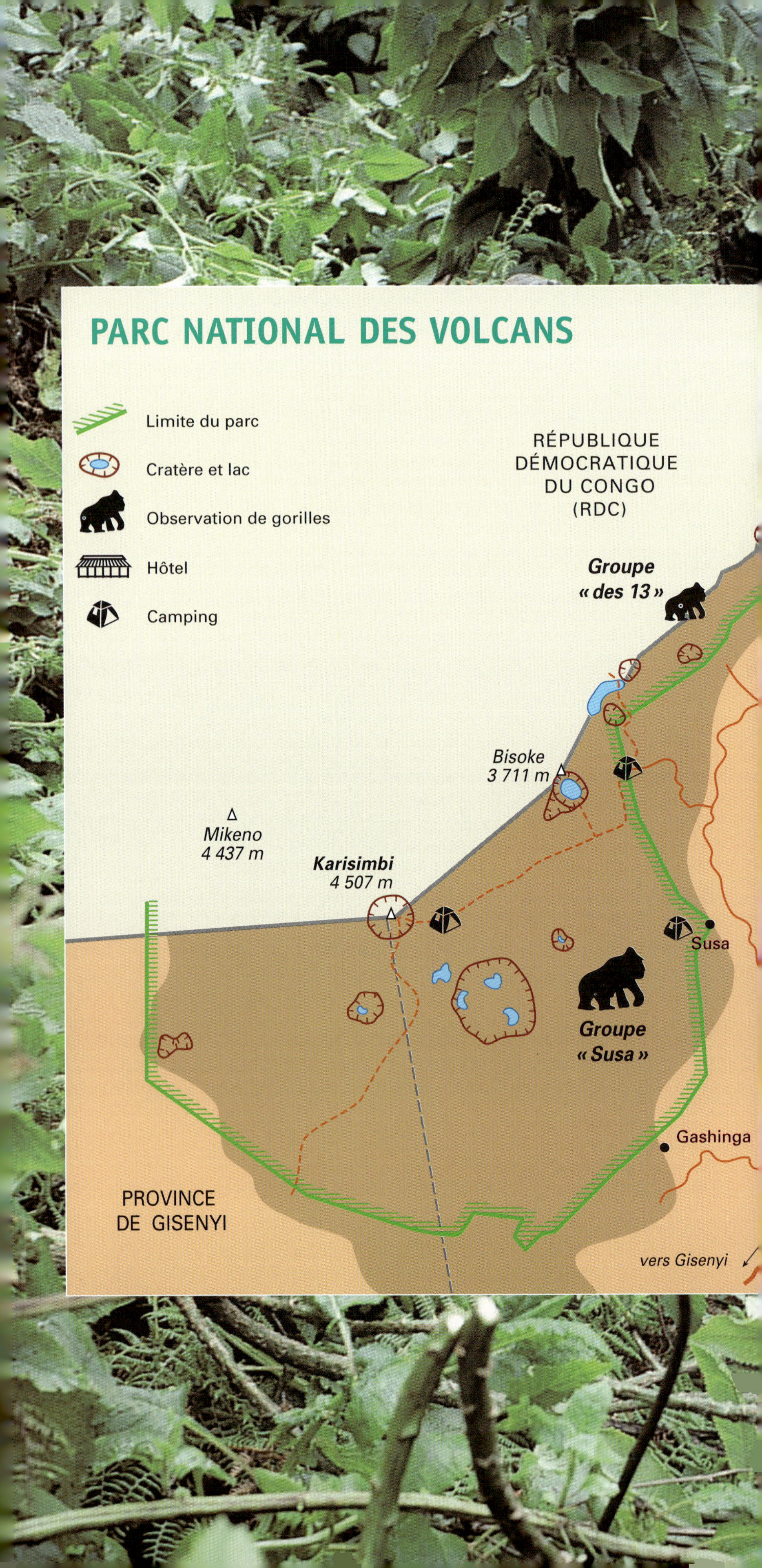
PARC NATIONAL DES VOLCANS
Limite du parc
Cratère et lac
Observation de gorilles
Hôtel
Camping
RÉPUBLIQUE DÉMOCRATIQUE DU CONGO (RDC)
Groupe « des 13 »
Bisoke 3 711 m
Mikeno 4 437 m
Karisimbi 4 507 m
Susa
Groupe « Susa »
Gashinga
PROVINCE DE GISENYI
vers Gisenyi

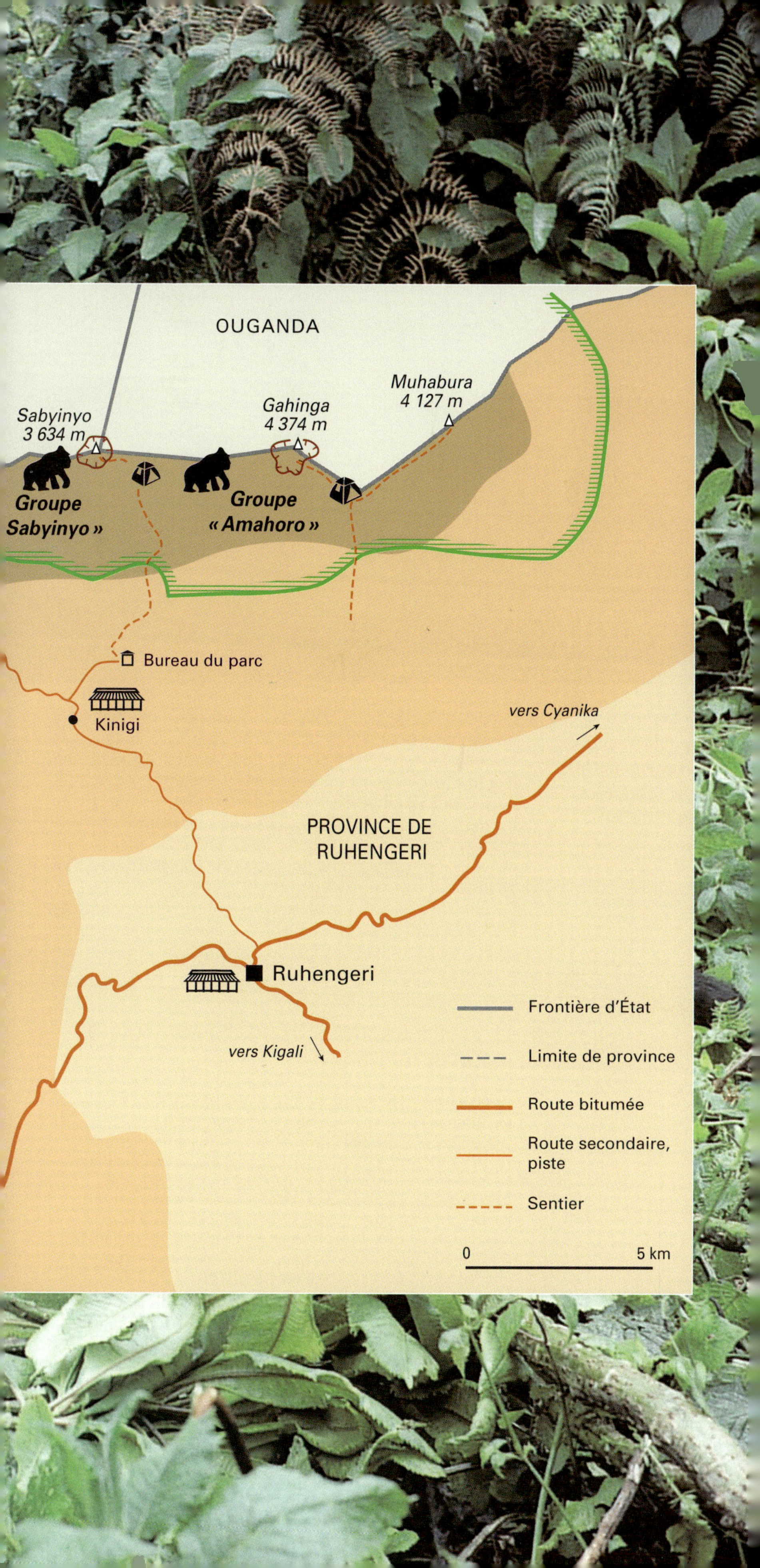

OUGANDA
Sabyinyo
3 634 m
Gahinga
4 374 m
Muhabura
4 127 m
Groupe
Sabyinyo »
Groupe
« Amahoro »
Bureau du parc
Kinigi
vers Cyanika
PROVINCE DE
RUHENGERI
Ruhengeri
vers Kigali
Frontière d'État
Limite de province
Route bitumée
Route secondaire,
piste
Sentier
0
5 km

> Les petits gorillons jouent sans être troublés par la présence des touristes.

feuilles qu'ils dévorent. Plus bas encore, un « dos argenté » ne daigne pas se retourner à notre approche. Tout le bas de son dos est envahi par des poils blancs, signe de son âge avancé. Vingt ans ? Trente ans ? Personne, en réalité, ne connaît la longévité exacte des gorilles. La plupart ne meurent pas de vieillesse, mais sous les coups des braconniers qui viennent enlever leurs petits, ou bien encore de maladie (affections pulmonaires ou gastriques, en général).
En tendant l'oreille, on perçoit les grondements sourds de leur estomac rassasié – que Dian Fossey surnomma les « vocalisations-rots » – signe de contentement. Pendant une

→ LES PROGRAMMES DE PRÉSERVATION DE L'ESPÈCE :

- **La fondation Dian Fossey Gorilla International Fund : fondée en 1978 par Dian Fossey. Elle finance des programmes de recherches scientifiques dans le Parc national des Volcans (basée à Atlanta. Site internet : http://www.gorillafund.org).**
- **La fondation Dian Fossey Gorilla Fund Europe : s'occupe davantage de programmes d'actions envers les populations locales : construction d'écoles, accès à l'eau courante et création de sources économiques « alternatives » comme le soutien à la fabrication d'objets d'art (basée à Londres. Site internet : http://www.dianfossey.org).
Ces deux fondations proposent d'adopter symboliquement un des gorilles du parc pour soutenir leurs programmes.**
- **Projet vétérinaire pour les gorilles de montagnes, financé par Morris Animal Foundation
(Site internet : http://www.morrisanimalfoundation.org).**
- **Programme international de conservation des gorilles, avec en tête la formation du personnel de l'ORTPN. Financé par la Fauna and Flore International (Site internet : http://www.fauna-flora.org) et WWF (World Wildlife Fund. Site internet : http://www.worldwildlife.org).**

heure, tout le petit groupe des adultes ne cessera de chercher la meilleure position sur le dos pour dormir. À l'exception des petits, qui feront de la « gymnastique » et mille pitreries, à une cadence infernale !
Le retour à Kinigi, en descendant, n'est pas moins éprouvant que la montée. Il prendra autant de temps : deux heure trente à trois heures.
Un parcours très difficile en saison des pluies, car tout le terrain devient glissant, comme une planche à savon. Il faut alors prévoir des bottes ou des chaussures hautes à crampons ainsi que des « cirés » (pantalon et veste imperméables).
Heureusement, les guides connaissent parfaitement le chemin et indiquent les passages où l'on ne risque pas de s'enfoncer ainsi que les prises lorsque la pente est en à-pic...

TREKKING DANS LES VOLCANS

Outre un safari-vision « gorilles », vous pouvez également organiser des trekkings dans les volcans et réaliser par exemple l'ascension du plus grand d'entre eux : le Karisimbi (4 507 m). Comptez deux jours d'ascension ! À partir de 3 800 m, on accède à une plate-forme surmontée de plusieurs cheminées éteintes, dont l'une d'elles recèle un beau lac de cratère. Le Bisoke, qui fait vis-à-vis au Karisimbi, est moins haut (3 711 m), mais son lac de cratère est le plus grand. Toute une végétation d'altitude, étrange et magnifique, s'y développe : séneçons, lobélies géantes, bruyères arborescentes.
Et la vue, par temps clair, est d'une rare beauté sur le Rwanda au sud, le Congo et l'Ouganda, au nord.
Les sportifs amoureux de la nature s'en donneront à cœur joie. Quelques opérateurs français proposent des circuits « clé en main ». Le premier, *Explorator*, propose un tour d'une douzaine de jours, avec au programme, une visite aux chimpanzés de la forêt Kibale, côté ougandais, et aux gorilles des monts Birunga.
Le second, *Terra Incognita* propose un circuit de 9 jours, intitulé « gorilles dans la brume » qui inclut également une visite du Parc National d'Odzala, au Congo (voir chapitre « Voyage » et rubrique « Renseignements pratiques »).

→ À LA RENCONTRE DES GORILLES DE MONTAGNE...

Quatre parcours sont possibles au départ de Kinigi, chacun regroupant des familles plus ou moins nombreuses.

- **« groupe des 13 », entre Bisoke et Sabyinyo**
  > 7 gorilles
- **« groupe Sabyinyo »**
  > 11 gorilles
- **« groupe Amahoro », entre Sabyinyo et Gahinga**
  > 18 gorilles
- **« groupe Susa »**
  > 38 gorilles

> À Kibuye, sur le lac Kivu, les pirogues sont au repos.

RENSEIGNEMENTS PRATIQUES

(Pour appeler au Rwanda : faire le 00 + 250)

KIGALI

Situation et accès : capitale du Rwanda, peuplée d'un peu plus de 600 000 habitants (ville et environs), au centre géographique du pays.
Accès par avion : Kigali est desservi par les compagnies aériennes régulières internationales : *SN Brussels Airlines, South African Airways* (de Johannesburg), *Ethiopian Airlines* (de Bujumbura ou d'Addis Abeba), *Air Burundi* (de Bujumbura), *East African Airlines* (de Entebbe et Bujumbura), ainsi que par la compagnie nationale *Rwandair Express* (aéroport international Grégoire-Kayibanda de Kanombe, à 12 km à l'est du centre ville).
Par route : Kigali est un grand nœud routier, à 116 km de Ruhengeri, au nord, 139 km de Kibuye à l'ouest (lac Kivu), 136 km de Butare au sud, 108 km de Kibungo (proche de l'entrée du Parc national de l'Akagera, à l'est), par un excellent réseau entièrement bitumé.
Hébergement : voir chapitre Voyage.
Restauration : dans les grands hôtels et aussi *La Palisse Club, Chez John* (restaurant rwandais traditionnel), *le Flamingo* (restaurant chinois), *Aux Caprices du Palais, Sole Luna* (restaurant italien), *Exotikka* (restaurant libanais), *le Karisimbi, Addis Ethiopian Restaurant, le Baobab* ou *le Panafrique* (pour manger de succulentes brochettes de chèvres ou de bœuf)...
Agences de voyages :
African Jacana Tours & Travel, Avenue de la Paix, tél. : 57 11 31 ;
Cite Travel & Tours Services, hôtel des Mille Collines, tél. : 57 12 78 ;
Swift Tours & Travel, Avenue de la Paix, tél. : 57 74 72 ;
Primate Safaris, Umubano Novotel, tél. : 08 52 01 06 ;
Rwanda Travel Bureau, BP 1395, tél. : 57 77 77 ou 57 85 60.
Fax : 57 38 53.
Vous trouverez une liste complète des agences de voyages et tous les renseignements utiles pour organiser votre séjour auprès de l'*Office du Tourisme*, 1, Boulevard de la Révolution, BP 905 Kigali, Tél. : 57 65 14. Fax : 57 65 15, site internet : www.visitrwanda.gov.rw.

> **Le centre de Kigali.**

Location de voitures :
Cite Travel & Tours Services, BP 4778, tél. : 57 12 78, à l'hôtel des Mille Collines ; *Swift Tours & Travel*, BP 1003, Avenue de la Paix, tél. : 57 11 31 ;
Auto World Company, BP 1305, tél. : 57 43 90.
Loisirs :
Tennis (hôtels Novotel, des Mille Collines) ;
Piscines (hôtel Méridien, hôtel des Mille Collines, Le Garni du Centre et le Centre sportif de Kigali) ;
Golf miniature (hôtel Novotel), golf " Source du Nil ", 9 et 18 trous sur Nyarutarama ;
Discothèque (*Chez Lando, New Cadillac, Planet, le Mango*) ;
Grand Stade National à Remera, *Stade Régional* à Nyamirambo (football, volley, athlétisme) ;
Centre d'Echanges Culturels Franco-Rwandais, BP 1333, Tél. : 57 62 23. Fax : 57 68 23. E-mail : cecfr@rwanda1.com.
Services : marché, stations-service, pharmacies (*Green pharmacie*, ouverte 24 h/24, hôtel des Mille Collines, tél. : 50 10 43), *Banque de Kigali* et *Banque Commerciale du Rwanda*, librairies (*Caritas, Ikirezi*).

AKAGERA (PARC NATIONAL DE L')

Situation et accès : à l'est du Rwanda, à la frontière de la Tanzanie. Le seul point d'entrée autorisé est situé à Kayonza. Les seules voies de sortie sont Karangazi-Kizirankombe et Nyamiyaga. Pour des raisons pratiques, il est recommandé de prendre un guide à l'entrée du parc (service gratuit). Il est interdit de sortir des pistes en voiture. Comptez une journée entière pour la visite.
Renseignements : entrée payante (3 500 Frw + taxe voiture).
Il n'est pas nécessaire de réserver de Kigali.
Hébergement et restauration : il n'y a pas pour l'instant d'hôtel à l'Akagera. Il faudra vous loger à environ une heure de route à Rwamagana : *hôtel Dereva*, BP 126. 10 chambres. Bar, restaurant. Tél. : 67 244. Prix : de 4 à 5 000 Frw ; ou à Kibungo, *Umbrella Hotel*. 7 chambres. Bar, restaurant. Tél. : 56 62 69.
Prix : de 5 900 à 8 260 Frw. Il est possible de camper dans le parc.

BUTARE

Situation et accès : la ville et ses environs comptent 720 000 habitants, au sud-ouest du Rwanda, à 136 km au sud de Kigali, 83 km de Gitarama, par une bonne route goudronnée. À 155 km à l'est de Cyangugu et du lac Kivu ; à 90 km à l'est d'Uwinka (Réserve naturelle de Nyungwe), par une bonne route bitumée. À une trentaine de kilomètres à l'est de Kibeho, par la piste.
Hébergement et restauration : voir chapitre Voyage.

Visites :
Musée national, tél. : 53 05 86. Fax : 53 02 11. Ouvert tous les jours de 9 h à 12 h 00 et de 14 h 00 à 17 h 00. Entrée payante (réductions pour les étudiants, les enfants et les écoliers en groupe) ; *campus universitaire* à Ruhande (ville universitaire) ; *l'arboretum* ; visite de *Kibeho* (à une vingtaine de kilomètres à l'ouest de Butare, par une mauvaise piste de terre).
Loisirs : grand auditorium de l'Université ; salle de spectacles du groupe scolaire de Butare ; stade Huye (football).
Services : station-service, librairie, commerces alimentaires, médecins, hôpital, marché ouvert.
Aux alentours : Kibeho.

BYUMBA

Situation et accès : 75 km au nord de Kigali, par une excellente route bitumée.
Hébergement et restauration : voir chapitre Voyage.

CYANGUGU

Situation et accès : petite station balnéaire au sud du lac Kivu, au sud-ouest du Rwanda. À 291 km de Kigali, 238 km de Gitarama et 155 km de Butare, par une bonne route goudronnée. À 248 km de Gisenyi et à 133 km de Kibuye, par la piste.
Hébergement et restauration : voir chapitre Voyage.
Services : stations-service, garages, marché, commerces alimentaires, pharmacies, etc.
Visite : balade le long de la rivière *Rusizi*.

GIKONGORO

Situation et accès : petite ville située à une quarantaine de kilomètres de Butare, par une bonne route bitumée.
Visite : site du génocide de l'*École Polytechnique* de *Murambi*.
Pour tout renseignement pratique sur les mémoriaux : appeler le standard de l'association des rescapés Ibuka, tél. : 57 64 46.
Hébergement et restauration : voir chapitre Voyage.

GISENYI

Situation et accès : ville située au nord du lac Kivu et au nord-ouest du Rwanda, à la frontière de la République Démocratique du Congo (*Goma*). À 179 km à l'ouest de Kigali, par une bonne route bitumée, via Ruhengeri (63 km). À 115 km au nord de Kibuye et à 248 km de Cyangugu, par la piste.
Hébergement et restauration : voir chapitre Voyage.
Services : stations-service, pharmacies, commerces alimentaires...
Visite : Goma (en RDC).

KIBUYE

Situation et accès : petite station balnéaire située au bord du lac Kivu, à 139 km à l'ouest de Kigali et à 86 km de Gitarama, par une bonne route bitumée. À 115 km au sud de Gisenyi, par la piste. À 133 km au nord de Cyangugu par la piste.
Hébergement et restauration : voir chapitre Voyage.
Renseignements pratiques : pour faire un tour du lac en bateau ou rejoindre Cyangugu ou Gisenyi, appeler Jean-Baptiste, dit le " maître nageur " au 08 48 23 15.

MUHAZI (LAC)

Situation et accès : au nord-est de Kigali, accessible par une bonne route goudronnée, sur le parcours Kigali-Rwamagana-Gahini.
Hébergement et restauration : voir chapitre Voyage.

NYANZA

Situation et accès : à côté de Nyabisindu (19 500 hab.) à environ 45 km au sud de Gitarama et environ 100 km au sud de Kigali, par la route bitumée Kigali-Butare et par la piste. À 40 km au nord de Butare par une bonne route bitumée.
Hébergement et restauration : petits restaurants-gargotes à Nyabisindu. Hôtels seulement à Butare et à Gitarama.

NYUNGWE (RÉSERVE NATURELLE DE)

Situation et accès : grande forêt protégée au sud-ouest du Rwanda, à la frontière du Burundi. Accessible depuis Butare, Gikongoro ou Cyangugu par une excellente route goudronnée.
Le centre d'accueil de l'ORTPN, *Uwinka*, est situé à 90 km de Butare et à 55 km de Cyangugu. Il se trouve à l'est de l'usine à thé de Gisakura à environ 18 km (côté ouest de la forêt).
Entrée payante : 10 US$ (réduction pour les groupes). Promenades possibles sans guide le long de 7 circuits allant de 1,7 km (une heure) à 9 km (6 h de marche), très bien balisés. L'ORTPN propose également des circuits de visite guidée (20 US$) : visite des primates, à partir de 6 h 00, 6 h 30. Autres primates (colobes, Mangabey, singes argentés) à partir de 9 h 00 jusqu'à 15 h 00.
Hébergement et restauration : pas d'hôtels ni de restaurants sur place ; se rendre à Butare et à Cyangugu. Camping possible sur un terrain, près du site touristique de Uwinka. Prix : 10 US$. Pas de location de tente ou de sac de couchage sur place.
Équipement : bonnes chaussures de marche, imperméable, chandail ou anorak ; appareil-photo avec téléobjectif (pellicules 450 asa recommandées) ; jumelles ; provisions de bouche comme pour un pique-nique.

RUHENGERI

Situation et accès : ville située au pied de la chaîne des volcans Birunga, à 116 km au nord de Kigali, par une bonne route goudronnée, à 63 km à l'est de Gisenyi, par une route goudronnée également et à 5 ou 6 km du centre d'accueil du Parc national des Volcans, à

Kinigi, par la piste. (Ruhengeri et ses environs : 895 000 habitants).
Hébergement et restauration : voir chapitre Voyage.
Services : stations-service, pharmacies, commerces alimentaires, petits bars et gargotes.

RUSUMO

Situation et accès : chutes d'eau près du poste-frontière de Rusumo, entre le Rwanda et la Tanzanie. À 168 km à l'est de Kigali, par une très bonne route goudronnée, via Rwamagana et Kibungo.
Hébergement et restauration : hôtels et petites gargotes à Rwamagana et à Kibungo (voir Parc national de l'Akagera).

RUTONGO

Situation et accès : à 25 kilomètres au nord de Kigali par la route puis par la piste.
Hébergement et restauration : à Kigali.

VOLCANS (PARC NATIONAL DES)

Situation et accès : centre d'accueil de Kinigi, à 13 km au nord de Ruhengeri, par la piste, et à environ 120 km au nord de Kigali par la piste et une excellente route goudronnée.
Le droit d'entrée : 250 US$ (qui comprend une escorte et un guide). Si vous êtes un groupe assez important, il est nécessaire de réserver à l'avance auprès de l'ORTPN (1, Boulevard de la Révolution, BP 905, Kigali. Tél. : 57 65 14. Fax : 57 65 15. Site internet : www.visitrwanda.gov.rw) mais il est également possible de réserver la veille au centre de l'ORTPN à Ruhengeri. Pour préserver l'équilibre de l'espèce, un maximum de 30 personnes par jour. Suivant le groupe de gorilles : temps d'approche de 1 à 3 heures. Une fois le groupe atteint, l'observation durera au maximum une heure. Il est interdit de photographier ou de filmer (sauf si vous vous acquittez d'une autorisation, très onéreuse). Les enfants de moins de 15 ans ne sont pas acceptés.
Hébergement et restauration : à Ruhengeri.

> À Gisenyi.

> Le joli ballet des pirogues sur le lac Kivu.

LE VOYAGE

Avant le départ

Le Rwanda reste à l'écart des grands circuits touristiques. Pourtant, le pays a retrouvé sa sécurité. Pour partir, il faut simplement penser à se faire vacciner contre la fièvre jaune, emporter une bonne lotion antimoustique, et surtout ne pas oublier son médicament « antipalu » !

Le Rwanda, petit pays naturellement enclavé, reste à l'écart des grands circuits touristiques. L'éloignement du pays par rapport à l'Europe (plus de 6 000 km) ne justifie pas entièrement le prix très onéreux du transport aérien, qui peut s'avérer dissuasif pour beaucoup. En effet, s'il est facile et avantageux de se rendre au Kenya, en Tanzanie ou en Ouganda (ses grands voisins très prisés par les touristes pour leur safari), le Rwanda est encore peu accessible, faute de demande importante. Seule la compagnie belge *SN Brussels Airlines* assure une liaison directe avec l'Europe deux fois par semaine, les mardis et samedis. Si quelques tour-opérateurs européens proposent des circuits groupés avec l'Ouganda ou la République démocratique du Congo, rares sont les agences de voyages qui proposent des offres promotionnelles sur le « Pays des Mille Collines ».

Les troubles récents qui ont secoué le pays justifient en partie cette frilosité ; jusqu'à la fin des années 1990, le pays a subi les assauts répétés des interahamwe et ex-FAR. Réfugiés au Congo voisin, ils menaçaient la sécurité à l'ouest du pays, surtout au niveau de Gisenyi. Mais aujourd'hui, le calme et la sécurité sont revenus. Contrairement à beaucoup de pays africains, toutes les routes à l'intérieur du pays sont sûres, même la nuit. Le touriste en visite au Rwanda sera surpris de trouver des services de transport en commun ponctuels et assez rapides qui relient toutes les provinces. En ce qui concerne l'hébergement, le pays est doté de très beaux hôtels assez abordables.

→ LE TEMPS

Voici un tableau du temps à Kigali (au centre du pays), à Gisenyi (au bord du lac Kivu) et à Kibungo (à l'est, près du Parc national de l'Akagera)

	J	F	M	A	M	J
Kigali	20,6	20,9	20,8	20,6	20,4	20,3
Gisenyi	20,3	20,4	20,9	20,5	20,3	19,9
Kibungo	20	20,1	20,3	19,9	19,6	20,5

	J	A	S	O	N	D
Kigali	20,5	21,4	21,3	20,9	20,3	20,4
Gisenyi	19,8	20,6	20,7	20,5	20	20,1
Kibungo	21	21,3	21,3	20,7	19,8	20

Températures moyennes en degrés centigrades (°C)
petites précipitations
précipitations moyennes
grosses précipitations
soleil

QUELLE SAISON CHOISIR ?

En principe, le voyageur peut se rendre toute l'année au Rwanda car même pendant la saison des pluies, de belles éclaircies se produisent dans la journée et il n'y fait jamais vraiment très chaud ni très frais. Toutefois, la grande saison sèche est la plus agréable et – c'est une chance pour le Rwanda –, elle coïncide avec les grandes vacances scolaires dans l'hémisphère Nord : juin - juillet - août.

FORMALITÉS SANITAIRES

Pour effectuer un voyage en Afrique noire, en particulier au Rwanda, il est obligatoire d'être en possession d'un *carnet de vaccination international* et de s'être fait vacciner contre la *fièvre jaune* (vaccin anti-amarile). Il est préférable de le faire au moins huit à dix jours avant le départ, en raison de la réaction qui peut survenir après une semaine d'incubation (migraine ou fièvre). La validité de ce vaccin s'étend sur dix ans.
Principaux centres agréés de vaccination à Paris :

Centre médical de l'Institut Pasteur :
de 9 h 00 à 16 h 30, du lundi au vendredi, de 10 h 00 à 16 h 30, le mercredi, et de 9 h 00 à 11 h 30 le samedi, 211, Rue de Vaugirard, 75015 Paris, tél. : 01 40 61 38 00.
Pour tous renseignements complémentaires, le site de l'Institut Pasteur est très utile : www.pasteur.fr.

Centre de vaccinations d'Air France :
de 9 h 00 à 17 h 00 du lundi au samedi,
2, Rue Robert Esnault Pelterie, 75 007 Paris (Métro RER Invalides), tél. : 01 43 17 22 00 (numéro pour tous les renseignements complémentaires : 08 92 68 63 64).
Sans rendez-vous, délivrance immédiate des certificats internationaux (inutile d'être à jeun). Prix pour le vaccin anti-amarile : 29 euros.

En France, il existe dans chaque département au moins un centre habilité à vacciner contre la fièvre jaune.
Vous trouverez la liste complète sur le site de l'Institut national de veille sanitaire :
www.invs.sante.fr/beh/2002/0020.
Voici quelques-uns des principaux centres :
Bastia (Service communal d'hygiène et de santé), tél. : 04 95 32 91 80.
Bordeaux (CHU Saint-André), tél. : 05 56 79 58 17.
Lille (Institut Pasteur), tél. : 03 20 87 78 00.
Lyon (Centre de vaccination I.S.B.A), tél. : 04 72 76 88 66.
Marseille (Hôpital Houphouët-Boigny), tél. : 04 91 61 11 07.
Nantes (CHU), tél. : 02 40 08 30 75.
Nice (CVI, Aéroport Nice Côte d'Azur), tél. : 04 93 21 38 81.
Rennes (CHU Pontchaillou), tél. : 02 99 28 43 21.
Strasbourg (Institut d'hygiène, hôpital civil), tél. : 03 88 24 87 88.
Toulouse (CHU Purpan), tél. : 05 61 77 21 62.
Tours (CHR Bretonneau), tél. : 02 47 47 38 49.

Et si vous avez la moindre inquiétude sur votre santé avant et après tout voyage en Afrique, des centres spécialisés sont à la disposition des voyageurs pour répondre aux problèmes individuels :
AP Vacances, Hôpital de la Pitié Salpetrière, Paris, tél. : 01 45 85 90 21.
Ligne Santé Voyages, Hôpital Bichat, Rue Claude-Bernard, Paris, tél. : 01 40 25 88 86.
SOS Voyages-Tropiques Santé, Hôpital Houphouët-Boigny, Marseille, tél. : 04 91 69 11 07.
Santé Voyages, Hôpital Saint-André, Bordeaux, tél. : 05 56 92 87 54.

Certaines maladies ne se manifestent pas immédiatement mais apparaissent au bout d'un laps de temps plus ou moins long, alors même que le quotidien a repris son cours. Il convient donc de consulter lors de l'apparition de signes anormaux (fièvre, manifestation cutanée, trouble digestif) survenant même à distance du séjour en zone tropicale et de préciser au médecin le lieu de vacances ou les pays traversés. Il convient aussi de s'assurer un ou deux mois avant le départ que l'ensemble de votre carnet de vaccination est bien à jour (diphtérie, poliomyélite, tétanos). Pour se rendre au Rwanda, il est également recommandé de se faire vacciner contre l'hépatite A et B, la typhoïde, la méningite et la rage (si vous effectuez un circuit « aventureux »).

LE PALUDISME

Le paludisme est une maladie grave, potentiellement mortelle. En cas de fièvre même légère, nausées, maux de tête, de courbatures ou de fatigue au cours du séjour ou dans les mois qui suivent le retour, un médecin doit être consulté de toute urgence. Le Rwanda est classé dans la liste des pays à « risque 3 », c'est-à-dire zone de prévalence élevée. Il est donc conseillé de prendre de la méfloquine : *lariam 250*, à raison d'un comprimé une fois par semaine. La première prise doit avoir lieu 10 jours avant le départ et la seconde trois jours avant. Le traitement doit être poursuivi au moins trois semaines après le retour.

→ AMBASSADES DU RWANDA

Allemagne : **Beethovenalle - 72, 53173 Bonn.**
Tél. : 0049 228 367 02 36/37/38
Fax : 0228/35 19 22 - E-mail : Ambrwabonn@aol.com
Website : http//www.rwanda-boishaft.de

Afrique du Sud : **35 Marais Street, Brooklyn, Pretoria 0181.**
P.O. Box 55224 Arcadia 0007.
Tél. : (012) 46 07 09/361/403 - Fax : (012)46 07 08/RSA

Belgique : **1, Avenue de Fleurs, B 1150 Bruxelles.**
Tél. : 322/76 30 721/02/05 - Fax : 322/76 30 753
E-mail : ambarwanda@skynet.be
Website : http//www.ambarwanda.be

Burundi : **24, Avenue de la République Démocratique du Congo, Bujumbura.**
Tél. : (257) 22 32 55/22 88 65 - Fax : (257) 22 32 54
E-mail : arbuja@cnlcbinf.com

Chine : **30, Xiu Shui Beiji, Beijing, Chine 100600.**
Tél. : (86-10) 65322193 - Fax : (86-10) 65322006
E-mail : ambarwda@public3btanet.com
Website : http//www.embarwanda.chine.com

États-Unis : **124 East 39 street, New York, N-4 10016.**
Tél. : (212) 679 90 10 - Fax : (212) 679 91 33
1714 New Hampshire Avenue.NW,
Washington DC 20009 - Tél. : (202) 232 2882/3/4
Website : www.rwandemb.org

Il est aussi important de se protéger contre les piqûres de moustiques que de prendre un médicament préventif : porter des vêtements longs le soir, dormir sous une moustiquaire et utiliser des insecticides.

FORMALITÉS ADMINISTRATIVES

Pour entrer au Rwanda et y séjourner, un *visa* est nécessaire : on l'obtient en 48 heures auprès de l'Ambassade du Rwanda, 12, rue Jadin, 75017 Paris. Le passeport doit être valable six mois après la date de votre retour ; une attestation de votre agence de voyages doit préciser les dates aller-retour, et vous devez prévoir deux photos d'identité. Prix du visa : 62 euros. Il n'existe pas encore de Maison du Rwanda ou d'Offices de Tourisme du Rwanda en Europe. Aussi, pour obtenir quelques renseignements sur ce pays, vous pouvez contacter l'*Ambassade du Rwanda*, tél. : 01 42 27 36 31.
(ou 01 47 66 19 86. Fax : 01 42 27 74 69), ou chercher des documents et ouvrages divers dans les librairies de voyages à Paris (se reporter à la liste de la Bibliographie).

ÉQUIPEMENT VESTIMENTAIRE

Pour la ville : vêtements d'été légers pour les promenades diurnes. Prévoir un pull-over pour les soirées qui sont fraîches. Pour les safaris-vision au Parc de l'Akagera : chaussures montantes de marche (type Pataugas) et vêtements de brousse de couleur neutre, beige ou kaki.
Pour les trekkings dans le Parc national des Volcans et dans la forêt de Nyungwe : chaussures montantes de marche, pantalon et pull-over chauds, cirés (pantalon et anorak), car les pluies sont fréquentes et le climat d'altitude y est très frais. Pour la plage (lac Kivu) : maillot de bain et lunettes de soleil. Pour tous les autres circuits : vêtements solides et épais (type jeans).

MATÉRIEL

Les cinéastes amateurs et les photographes seront tout particulièrement séduits par le Rwanda, en raison de la

> 55% de la population a moins de 20 ans.

Éthiopie :	**Africa Avenue H 17k20 N°.001, BP 5618, Addis Abeba. Tél. : (251) 1 61 03 00/61 03 57/87 Fax : (251) 0-1-61 04 11**
France :	**12, Rue Jadin, 75017 Paris. Tél. : 330 (1) 42 27 36 31 - Fax : 330 (1) 42 27 74 69**
Inde :	**B.112, Nooti Bagh, New Delhi-49. Tél. : 0091 11 656 89 83 - Fax : 0091 11 656 808 E-mail : rwandemb@nda.vsnl.net.in**
Kenya :	**Kayahwe Road, P.O. Box 30619 Nairobi. Tél. : 57 59 77/57 59 75 - Fax : 57 59 76 E-mail : rwanemba@net2000ke.com**
Ouganda :	**Nakaima Road n°2, P.O. BOX 2468 Kampala. Tél. : 344045 - E-mail : rwanda@swiftuganda.com**
Royaume-Uni :	**58-59 Trafalgar Square, Londres WC2N5DW. Tél. : 0044 02079302570 - Fax : 0044 02079302572 E-mail : ambarwanda@compuserve.com Website : www.rwanda.1/government.com**
Suisse :	**93, rue de la Servette, CH. 1202 Genève. Tél. : 00 41 022 919 10 00 - Fax : 00 41 022 919 10 01**
Tanzanie :	**32, Ali Hassan Mwinyi Road, P. O. Box 2918, Dar Es-Salaam. Tél. : 00255 22 211 58 89 - Fax : (022) 21 33 382 E-mail : ambarwadsm@raba.com**

beauté des paysages de montagne et de lacs ainsi que de la richesse de la faune sauvage. Pour photographier les animaux (lions, gorilles, éléphants...), prévoir un bon téléobjectif à longue focale, du type « sniper », minimum 300 mm. Des sacoches étanches pour les appareils comme pour les pellicules sont indispensables, en raison de l'humidité ou du soleil susceptibles de les abîmer. À la fin de chaque journée de safari-vision, il faut nettoyer les appareils et vérifier que les pellicules n'ont pas souffert de la chaleur ou de l'humidité. On fera provision de films et de rouleaux de pellicules à l'aéroport de départ en Europe, en boutique hors taxe où leur prix est le plus avantageux.

Un filtre U.V. contre les ultra-violets particulièrement intenses en Afrique est recommandé. Pour photographier les paysages de montagne qui offrent souvent de superbes vues panoramiques sur la région, un grand angle est nécessaire.

Les tennismen n'oublieront pas leur équipement.

Pour les amateurs de trekking, un sac à dos et du matériel de camping (tente, duvet, provisions de bouche, couteau, fourchette, réchaud, lampe de poche) peuvent être utiles s'ils prévoient des circuits comprenant des nuits à la belle étoile.

> Un geste séculaire, un paysage millénaire, la culture du pyrèthre.

HYGIÈNE ET SANTÉ

Emportez une trousse de toilette, même si vous trouverez sur place tout le nécessaire en cas d'oubli (brosse à dents, shampooing). Même remarque pour la trousse à pharmacie personnelle : sauf si l'on suit un traitement médical particulier nécessitant des médicaments difficiles à trouver sur le marché ; on peut se procurer n'importe quel remède en cours en Europe dans les nombreuses pharmacies rwandaises. Néanmoins, une petite trousse personnelle est toujours utile. Elle contiendra :

- des comprimés de lariam pour le traitement antipaludéen,
- de l'alka seltzer,
- un pansement intestinal (smecta),
- un médicament ralentisseur du transit intestinal en cas de diarrhées (sur ordonnance) : intétrix, imodium gélules ou diarsed comprimés, pour les adultes. imodium gouttes pour les enfants.

Eventuellement :

- un antibiotique (sur ordonnance) : bactrim comprimé (adulte), suspension (enfant),
- un antiseptique (sur ordonnance) : intétrix gélule (adulte),
- de l'adiaril ou GES 45 pour les jeunes nourrissons,
- de l'aspirine, paracétamol (pas de suppositoires pour les enfants),
- une crème « écran total », de la pommade à la citronnelle (moustiques),
- de l'ektogan ou du talc,
- de l'alcool à 70° ou une solution de dakin,
- des compresses stériles, du sparadrap,
- du collyre antiseptique : chibroboraline ou biocidan,
- une lotion anti-moustique (en flacon pulvérisateur) et une crème anti-histaminique pour calmer les démangeaisons d'insectes piqueurs comme les moustiques,
- de l'alcool à 90°, du mercurochrome, des pansements, du collyre,
- des préservatifs.

> Jeunes habitants d'une des plus belles régions, celle de Gisenyi.

Se rendre dans le pays

Pour faire le trajet Paris-Kigali, le plus facile et le plus économique est de passer par Bruxelles et de prendre le vol direct de la *SN Brussels Airlines* pour le Rwanda. Bien qu'encore peu desservi, le Rwanda est devenu le pays de destination de quelques voyagistes, spécialisés dans « l'écotourisme ».

PAR AVION

La compagnie belge *SN Brussels Airlines* est aujourd'hui la seule compagnie européenne à desservir l'aéroport international Grégoire-Kayibanda à Kigali (à 12 km du centre-ville). Elle assure des liaisons directes Bruxelles-Kigali, deux fois par semaine (mardi et samedi) et des retours les mêmes jours avec une escale à Nairobi (Kenya).
Il est bien sûr possible de combiner le même jour un vol aller ou retour pour l'aéroport Paris-Roissy CDG (avec les transits, il faudra compter 12 heures environ de trajet).
De Paris, il est également possible de voyager avec *KLM/Kenya Airways*, via Amsterdam et Libreville. Mais les changements d'avion et les délais d'attente en escale augmentent considérablement la durée totale du voyage. D'autres compagnies régulières desservent le Rwanda depuis l'Afrique : *Kenya Airways* (de Nairobi), *South African Airways* (de Johannesburg), *Ethiopian Airlines* (de Bujumbura ou d'Addis Abeba), *Air Burundi* (de Bujumbura), *East African Airlines* (de Entebbe et Bujumbura), *Rwandair Express* (de Entebbe, Nairobi, Johannesburg).
Même s'il est possible de trouver des billets aux alentours de 1 100 euros (A/R de Paris, en « classe économique »), le prix du trajet reste en général très élevé et varie fortement suivant les saisons. Une solution plus économique : prendre un billet pour Entebbe (45 kilomètres de Kampala) et rejoindre ensuite Kigali, soit par bus, soit par avion.
- *SN Brussels Airlines*, 12-14, Rond-Point des Champs-Elysées, 75008 Paris,
Tél. : 01 53 53 14 75 - Site web : www.brussels-airlines.com.
À Kigali, il vous faudra penser à confirmer votre réservation 72 heures avant le départ : agence à l'hôtel des mille collines (ouvert de 8 h 00 à 12 h 00 et de 14 h 00 à 17 h 00, du lundi au vendredi).
- *KLM/Kenya Airways* : Paris Nord 2 Villepinte, BP 60190, 95974 Roissy.
Tél. : 08 90 710 710 – Site web : www.klm.com ou www.kenya-airways.com
À Kigali : l'agence *Kenya Airways* est située Avenue des Mille Collines - tél. : 57 7972
(ouvert de 8 h 00 à 12 h 30 et de 14 h 00 à 16 h 30, du lundi au vendredi et de 9 h 00 à 13 h 00, le samedi).

LE VOYAGE ORGANISÉ

À la différence du voyage individuel, le voyage organisé ou « à forfait » permet de gagner beaucoup de temps et d'argent en évitant les démarches fastidieuses et en obtenant les meilleurs prix auprès des transporteurs aériens et terrestres ainsi qu'auprès des hôteliers. Malheureusement, le Rwanda est encore une destination peu courue. Aujourd'hui, seuls deux voyagistes, spécialisés en « écotourisme », proposent des circuits à la découverte des gorilles du Parc national des Volcans.
Le premier, *Explorator*, propose un tour s'étalant sur une douzaine de jours, avec au programme une visite des chim-

panzés de la forêt Kibale, côté ougandais, et aux gorilles des Monts Virunga. Le second, *Terra Incognita*, vend un circuit de 9 jours, intitulé « gorilles dans la brume ». Il s'engage à reverser 50 euros par participant à l'association « Gorilla » qui développe un programme de préservation du parc et d'aide aux écoles des villages situés au pied des volcans. (*Association Gorilla*. BP 311. 26 702 Pierrelatte Cédex)

Explorator : 16, Rue de la Banque, 75002 Paris.
Tél. : 01 53 45 85 85 – Site web : www.explo.com

Terra Incognita : 36-37, Quai Arloing, 69256 Lyon Cédex 09.
Tél. : 04 72 53 24 90.
Elle possède également un bureau d'information à Paris : 10, Rue des Carmes, 75015 Paris. Tél. : 01 55 42 81 03.

ASSURANCE ET ASSISTANCE

Avant de partir, il est indispensable d'être couvert par une assurance multirisques. Plusieurs sociétés d'assistance (et en particulier *Elvia Assurances Voyages*, 153, Rue du Faubourg Saint-Honoré. 75381 Paris Cédex 08, Tél. : 01 42 99 02 99.
Fax : 01 42 99 02 52. Site web : www.elvia.fr) couvrent tous vos risques au Rwanda. Mais faites bien attention car certaines, comme Europe Assistance, n'assurent plus le service car le Rwanda est classé dans la liste des « pays à risques » par le Quai d'Orsay.
Les contrats d'assistance d'Elvia proposent plusieurs formules. La plus complète, la « protection totale », vous coûtera 5 % du montant de votre voyage. Elle inclut, pour les personnes malades ou blessées, et si leur état le nécessite, le rapatriement en avion et en ambulance dans un hôpital proche du domicile en France (sous surveillance médicale constante). Bénéficie également de ce rapatriement la personne accompagnant le voyageur abonné. Par ailleurs, en cas d'hospitalisation au Rwanda, et si des frais médicaux ont été payés dans le pays, ceux-ci sont remboursés à concurrence de 150 000 euros par personne abonnée (en complément de tout organisme de prévoyance). Ce contrat comprend également une annulation voyage. Enfin, en cas de décès, l'assureur prendra en charge le rapatriement du corps.
Mais avant toute démarche, renseignez-vous sur les services que vous offrent déjà votre contrat d'assurance individuel (carte bancaire, véhicules...). Ils vous offrent la plupart du temps les mêmes garanties en matière d'accident, de maladie ou de sauvetage-assistance-rapatriement.

Circuler dans le pays

Petit pays, le Rwanda peut facilement et rapidement être parcouru de long en large. Les routes sont en général en bon état et le réseau des transports en commun très efficace.

PAR LA ROUTE

Une excellente surprise attend tous les conducteurs étrangers qui se rendent au Rwanda : le réseau routier est, dans sa majeure partie, excellent. À la fois bitumé et doté d'une bonne signalisation. Ainsi, au départ de Kigali, qui occupe une position centrale exceptionnelle, on peut se rendre, en moins d'une matinée, aux quatre coins du pays : vers le nord, au Parc national des Volcans, via Ruhengeri, ou vers les plantations de thé de la région de Byumba, sans quitter le « goudron » ; vers l'est, au Parc national de l'Akagera, via Rwamagana ; vers l'ouest et le lac Kivu, soit à Gisenyi, soit à Cyangugu, via Gitarama et Butare, toujours par une bonne route goudronnée.

Néanmoins, quelques tronçons restent encore difficiles, notamment la superbe route panoramique qui longe le lac Kivu, de Gisenyi à Cyangugu, en passant par Kibuye. Mais à chaque tournant, quelle vue sur le lac ! (itinéraire déconseillé à tous ceux qui ont le vertige ou qui ne supportent pas les voyages tout terrain). D'autres axes pourtant bitumés sont par endroits très crevassés, signes encore vivants des années de guerre civile. Il faut donc être très prudent, d'autant que les routes rwandaises sont faites de nombreux lacets !

À noter qu'au Rwanda, la conduite se fait à droite, comme dans tous les pays francophones.

RWANDA → TABLEAU DES DISTANCES ROUTIÈRES (EN KM)

	Kigali	Butare	Byumba	Gitarama	Kibungo	Kibuye	Gisenyi	Gikongoro	Ruhengeri	Cyangugu
Kigali	0	136	75	53	108	139	179	165	116	29
Butare	136	3	212	83	244	169	247	29	184	15
Byumba	75	212	0	128	183	214	169	240	106	36
Gitarama	53	83	128	0	161	86	164	112	101	23
Kibungo	108	244	183	161	0	247	287	273	224	39
Kibuye	139	169	214	86	247	0	115	197	160	13
Gisenyi	179	247	169	164	287	115	0	312	63	24
Gikongoro	165	29	240	112	273	197	312	0	213	12
Ruhengeri	116	184	106	101	224	160	63	213	0	30
Cyangugu	291	155	366	238	399	133	248	126	302	0

Voici quelques distances sur les grands axes touristiques et le temps moyen mis à les parcourir en voiture, compte tenu de l'état des routes :

- *Au nord* : Kigali-Ruhengeri (94 km, 2 h. Route de montagne en lacets, mais goudronnée).
  Kigali-Byumba (74 km, 1 h. Bonne route bitumée).
- *Au nord-ouest* : Ruhengeri-Gisenyi, au bord du lac Kivu (62 km, 1 h. Route de montagne bitumée, en lacets).
- *À l'ouest* : Kigali-Gitarama (49 km, 45 mn. Très bonne route bitumée).
  Gitarama-Kibuye, au bord du lac Kivu (87 km, 1h30. Toute nouvelle route en très bon état).
  Kibuye-Cyangugu (123 km, 4 à 5 h. Superbe piste en corniche, très difficile. Réservée aux véhicules tout terrain).
- *Au sud* : Kigali-Butare, via Gitarama (125 km, 2 h. Bonne route bitumée).
  Butare-Gikongoro (28 km, 30 mn. Bonne route bitumée, mais en lacets).
- *À l'est* : Kogamo-Parc de l'Akagera (78 km, 1 h 20. Bonne route bitumée).

Pour circuler en ville, à Kigali, on trouvera des taxis, en général stationnés devant les hôtels et l'aéroport. Mais vous ne trouverez jamais un compteur à l'intérieur des voitures. Même si beaucoup calculent le prix de la course selon le client, il faut en général compter 1000 francs rwandais (Frw) pour se déplacer à l'intérieur de la ville et 2 000 Frw pour relier les collines « périphériques ». Il est aussi possible de monter à l'arrière des « *taxi-motos* » qui vous emmèneront où vous voulez pour un prix défiant toute concurrence ! Enfin, des *minibus* relient entre elles toutes les collines de Kigali, pour environ 100 Frw. Si vous êtes dans le centre, vous pouvez les prendre à la gare centrale (derrière la Place de l'Unité Nationale) en demandant aux chauffeurs votre direction car aucun panneau ne vous aidera à vous repérer !

TRANSPORTS EN COMMUN

Vous pouvez sillonner tout le pays en empruntant les transports en commun. Tous les villages et les grandes villes sont reliés par des lignes de *minibus* qui s'arrêtent très régu-

LES ALTITUDES DES PRINCIPALES VILLES

Butare :	**1 753 m**
Byumba :	**2 235 m**
Cyangugu :	**1 460 m**
Gikongoro :	**1 900 m**
Gisenyi :	**1 460 m**
Gitarama :	**1 850 m**
Kibungo :	**1 680 m**
Kibuye :	**1 460 m**
Kigali :	**1 550 m**
Ruhengeri :	**1 860 m**

RÉGIONS ADMINISTRATIVES

OUGANDA
TANZANIE
Akagera
Kizinga
Muvumba
Umutara
Muvumba
Karangaza
Lac Rwanyakizinga
Ngarama
Gabiro
Byumba
Lac Mihindi
PARC NATIONAL DE L'AKAGERA
Lac Hago
Lac Kivumba
Akagera
Rutongo
Lac Muhazi
Lac Ihema
KIGALI
Muhazi
Kayonza
Rwamagana
Nyarugenge
Lac Nasho
Lac Mpanga
Kanazi
Lac Mugesera
Lac Cyambwe
Kibungo
Lac Sake
Lac Cyohoha Nord
Rusumo
Ngenda
Akagera
Lac Rweru
Lac Cyohoha Sud
Akanyaru
30° Est
Aéroport international
Aérodrome
Route principale
Route secondaire, piste
Parc national
Forêt, réserve naturelle

lièrement, mais il est aussi possible de prendre des liaisons directes. Plusieurs compagnies proposent ainsi des trajets au départ de Kigali vers Butare, Gikongoro, Kibuye, Cyangugu, Gisenyi, Ruhengeri. Suivant les destinations, il vous faudra réserver la veille auprès de l'un de ces opérateurs en vous rendant sur place (toutes les agences sont situées près de la gare routière) ou en téléphonant :
Trans-Express 2000 : tél. : 57 01 52.
Volcano Express : tél. : 57 38 98 ou 08 41 48 93.
Atraco Express, Okapi Car : tél. : 57 66 40 ou 57 67 65.
Il existe également des succursales de ces agences dans les principales villes du pays.
D'autre part, des liaisons quotidiennes sont assurées entre Kigali et Bujumbura :
Yahoo Car Express : tél. : 08 30 53 34 (même s'il convient de bien s'assurer de l'état de la situation au Burundi avant de tenter l'aventure !)
Et de Kigali à Kampala :
Jaguar Executive Coaches : tél. : 08 61 48 38.

LOCATION DE VOITURES

Néanmoins, pour jouir de plus d'autonomie et, en particulier, sillonner les parcs nationaux, il est plus agréable de louer une voiture tout terrain. Plusieurs agences de voyage locales proposent des locations de voiture, comme *Cite Travel & Tours services* (à l'hôtel des Mille Collines) ou *Swift Tours & Travel* (Avenue de la Paix). Mais les prix restent très élevés : compter en moyenne de 150 US$ par jour pour une Jeep, avec chauffeur et carburant à 40 US$ pour une voiture ordinaire avec le même service. Ces prix peuvent être discutés en fonction du nombre de jours de location. Cependant, les prestations des loueurs comprennent l'assurance tiers et dégâts, le dépannage éventuel du véhicule et le service à l'aéroport (avec supplément) au moment de l'arrivée ou du départ du client.
Le ravitaillement en essence ne pose guère de problèmes, car les distances sont courtes entre les villes et parce que chaque grosse agglomération compte plusieurs stations-service appartenant aux grandes chaînes de distribution, comme *Petrorwanda, Total Rwanda, Gapco* ou *Sopetrad*...

→ BERCEUSE

Dors
Ne pleure pas
Cette nuit le petit animal guette
Sous la cendre tiède du foyer.

Dors, ne pleure pas
Le petit animal à quatre pattes sur la tête
Six bras sur le ventre
Dix queues à l'arrière.

Dors, reste tranquille
Le petit animal s'est changé en éléphant
Ses yeux ont triplé, sa langue a décuplé
Ses pattes avancent vers toi seul
Je vois son corps aux poils hérissés
Comme les épines du porc-épic.

Dors, essuie tes larmes
Couvre-toi de la natte sur la tête
Et dors bien mon petit
Je vais tuer ce monstre
Qui veut toucher à tes jambes.

Rayons et nuées,
François-Xavier Munyarugerero.

> La route serpente dans des paysages à la fois sauvages et domestiqués, et l'on croise partout une population affable et affairée.

CARTES DU PAYS

Quant à la cartographie routière, on se la procurera auprès de l'*Office du Tourisme* de Kigali pour 6 000 Frw. Des cartes limitées aux parcs nationaux ont aussi été éditées et sont en vente soit à l'Office du Tourisme, soit dans les bureaux de ces parcs. À la sortie des grands axes routiers bitumés, il est préférable de louer une voiture tout terrain avec chauffeur. Ce dernier connaît mieux le pays que vous et, s'il s'égare, peut se renseigner plus facilement auprès de ses compatriotes (d'autant que beaucoup de Rwandais ne parlent que le kinyarwanda).
Attention à la réglementation de circulation dans le Parc de l'Akagera : il est interdit de sortir des pistes et de descendre de voiture, car les animaux de la grande faune (lions, éléphants et hippopotames) sont réellement sauvages et peuvent devenir agressifs s'ils sont inquiétés. De plus, il est également interdit de circuler la nuit à l'Akagera.

CIRCULER PAR AVION

Depuis que le Rwanda s'est doté d'une excellente infrastructure routière et compte tenu des courtes distances à parcourir, le transport aérien intérieur n'est plus très rentable. Aussi, la compagnie *Rwandair Express* a cessé de proposer des lignes régulières à l'intérieur du pays. Elle opère aujourd'hui exclusivement sur des lignes régulières internationales : Kigali-Nairobi, au Kenya ; Kigali-Entebbe en Ouganda ; Kigali-Johannesburg, en Afrique du Sud.

CIRCUITS TOURISTIQUES

OUGANDA
TANZANIE
Akagera
Kizinga
Muvumba
Umutara
Karangaza
Lac Rwanyakizinga
Lac Mihindi
PARC NATIONAL DE L'AKAGERA
Lac Hago
Lac Kivumba
Akagera
Lac Ihema
Byumba
Lac Muhazi
2
KIGALI
1
Nyarugenge
4
Rwamagana
Kayonza
1
Kibungo
Visite du parc de l'Akagera :
· départ de très bonne heure de Kigali
· possibilité de dormir à Rwamagana ou à Kibungo
· possibilité de camping dans le parc
Lac Rweru
Akagera
Limite et chef-lieu de province
Aéroport international
Aérodrome
Route principale
Route secondaire, piste
Parc national
Forêt, réserve naturelle
30° Est

VOYAGER À PIED

Très recherché : le trekking dans le massif des Birunga, au nord de Kigali. En raison à la fois de la présence des derniers gorilles de montagne, de l'extraordinaire flore d'altitude et de la beauté des paysages dans cette chaîne des Volcans. Quelques tour-opérateurs internationaux organisent d'ailleurs des trekkings de plus d'une semaine (bivouacs sous la tente ou en gîtes de montagne).

VOYAGES ORGANISÉS

Sur place, à Kigali, on trouvera de nombreuses agences de voyages qui organisent des circuits dans le pays (en voiture ou à pied) :
African Jacana Tours & Travel - Avenue de la Paix, tél. : 57 11 31.
Cite Travel & Tours Services - Hôtel des Mille Collines, tél. : 57 12 78.
Swift Tours & Travel - Avenue de la Paix, tél. : 57 74 72.
Primate Safaris - Umubano Novotel, tél. : 08 52 01 06.
Vous trouverez une liste complète des agences de voyages auprès de l'*Office du Tourisme* :
1, Boulevard de la Révolution. BP 905 Kigali. Tél. : 57 65 14. Fax : 57 65 15.
Site internet : http://www.visitrwanda.gov.rw.

PROPOSITIONS DE CIRCUITS

Voici quelques suggestions qui pourront, en un premier temps, vous permettre de choisir, selon la durée de votre séjour, les circuits qu'il vous sera possible d'accomplir :
– *En une journée* : visite de la capitale, Kigali (marché, Centre Culturel Français, mosquée, quartiers périphériques).
– *En une journée* : visite de Kigali le matin et l'après-midi, découverte des plantations de thé (près de Byumba) ou de café, dans les environs de la capitale.
– *En deux jours* : visite de Kigali. Le lendemain, visite de plantations de café ou de thé, le matin et, l'après-midi, excursion aux chutes de Rusumo, à la frontière de la Tanzanie.
– *En trois jours* : visite de Kigali (1er jour), le Parc national des Volcans et les gorilles (2e et 3e jour).
– *En une semaine* : Kigali, le lac Kivu et le Parc national des Volcans ou Kigali et le Parc national de l'Akagera.
- *En quinze jours* : Kigali, le Parc national des Volcans, le lac Kivu, Butare (Musée national), le Parc national de l'Akagera.

Circuits inter-Etats
- La situation en République Démocratique du Congo et au Burundi reste très tendue ; il est donc déconseillé de s'y rendre pour l'instant. Il est toutefois possible de traverser la frontière congolaise au niveau de Gisenyi pour découvrir la ville de Goma.
Ensevelie sous la lave, en janvier 2002, la ville se remet doucement et panse ses plaies. Miraculeusement épargnés par la coulée de lave, de très beaux hôtels bordent toujours le lac Kivu (visa de 8 jours : 30 $).
- *Rwanda-Kenya* : le Kenya est tout proche du Rwanda et, en un coup d'aile, on peut prolonger son séjour en Afrique Orientale par la découverte des grands sanctuaires de faune de Tsavo et de Masaï Mara.
On peut également se reposer au soleil sur les plages de l'océan Indien, près de Mombasa. Plusieurs vols hebdomadaires sont assurés par *Rwandair Express* et par *Kenya Airways*.

Séjour et vie quotidienne

La vie reste en général assez chère pour celui qui ne sort pas des chemins balisés du touriste (grands hôtels et restaurants). Mais il est tout à fait possible de prendre des chemins de traverse, en toute sécurité.

Dans ce pays qui a enfin retrouvé un peu de calme et de sérénité, les Rwandais font preuve d'une grande gentillesse et d'un large sens de l'hospitalité à l'égard de tout visiteur étranger. En vous promenant dans le pays, vous entendrez souvent le mot *Muzungu* retentir à vos oreilles : cela signifie le « Blanc » en kinyarwanda. Et les enfants le répètent à l'envi, alors que vous êtes devenu l'objet unique de toutes leurs curiosités !

Photographier les paysages, les scènes de la vie quotidienne des Rwandais et la grande faune des parcs nationaux ne pose pas non plus de problème (excepté dans le Parc national des Volcans). Le Rwanda est l'un des rares pays d'Afrique Noire où l'appareil photographique est considéré comme l'attribut normal du touriste, comme en Europe. Ce qui n'empêche aucunement le visiteur étranger de s'autodiscipliner et de pratiquer l'art de la photographie sans que cela puisse être considéré comme une agression et une incursion dans la vie privée des autochtones...

D'autre part, pour faciliter ses relations avec la population, nous suggérons au voyageur d'apprendre quelques mots de kinyarwanda, car tous les Rwandais ne parlent pas français. D'autre part, l'effort que vous témoignerez pour bredouiller quelques mots de kinyarwanda sera interprété par vos interlocuteurs comme une grande marque d'amitié et de savoir-vivre à leur égard.

L'ARGENT

La monnaie officielle au Rwanda est le franc rwandais (en abrégé : FRW). N'étant pas liée à l'euro par une parité fixe, comme le franc CFA, la monnaie rwandaise est sujette à fluctuations.

Son cours au début de l'année 2003 oscillait entre 520-530 Frw pour 1 euro. Un cours moyen qui permet d'établir une petite méthode mnémotechnique facile pour faire la conversion : multiplier par 2 la somme en Frw et diviser par 1 000 !

On peut emporter de l'argent liquide et le changer dans les différentes banques de la capitale : *Banque de Kigali, Banque à la Confiance d'Or, Banque Populaire Rwandaise* et *Banque du Commerce, du Développement et de l'Industrie*.

Pour les traveller's chèques, toutes ces banques offrent de meilleurs taux que ce que vous pourriez obtenir en échangeant du « cash » dans la rue.

Pour des avances sur carte de crédit, il est possible de s'adresser à la *Banque Commerciale du Rwanda* et à la *Banque de Kigali*. Toutes les cartes de crédit sont acceptées dans les hôtels de la capitale et dans les grands établissements de province.

LE COÛT DE LA VIE

Le Rwanda reste un pays assez onéreux, car le tourisme y est encore peu développé. La plupart des étrangers qui s'y rendent sont des hommes d'affaires ou des responsables d'organisations humanitaires pour qui les frais sont payés ! Aussi, le prix du billet d'avion est-il assez élevé. Dès son arrivée à Kigali, le touriste moyen européen devra bien gérer son budget selon la somme dont il dispose car dans les grands hôtels de la place, le tarif des chambres (doubles) est de 50 à 100 euros la nuit. Auquel il faut ajouter les repas (12 à 15 euros le dîner ou le déjeuner) et 6 euros pour le petit-déjeuner. Ce sont les tarifs pratiqués dans la plupart des pays africains. À noter, au passage, que le coût d'un litre d'eau minérale en bouteille, au bar d'un grand hôtel de Kigali, coûte près de 8 euros. S'il est peu fortuné, le touriste pourra toujours séjourner dans de petits hôtels, dont les tarifs évoluent entre 12 et 20 euros la nuit. La location de voiture reste très élevée : de 150 US$ par jour pour une Jeep avec chauffeur et carburant, à 40 US$ pour une voiture ordinaire avec le même service.

Pour les bourses modestes, il est conseillé de se rendre dans les gîtes des missions religieuses (les paroisses), de manger dans les innombrables gargotes qu'on trouve dans les villes et petites localités et d'utiliser les transports publics : 2 200 Frw seulement pour un trajet aller-retour en bus Kigali-Butare. Vous pouvez aussi discuter avec un chauffeur de taxi et négocier un bon prix pour faire une excursion à la journée (en général, il vous proposera 4 000 Frw pour une heure, mais le prix total peut être dégressif). À noter qu'à Kigali, un repas dans un petit restaurant revient environ de 8 à 10 euros par personne et, à la campagne (bière et brochettes), à 3 ou 4 euros ! Si un soda coûte en général 600 Frw sur les terrasses des hôtels, il ne sera pas à plus de 200 Frw dans les bars. Et enfin, pour une course, sur le porte-bagage d'une petite moto, il vous en coûtera 100 à 200 Frw !

→ DE NOUVEAUX EMBLÈMES

Depuis le 31 décembre 2001, la République du Rwanda s'est dotée de nouveaux symboles patriotiques

- **Un nouveau drapeau**
  La couleur bleue évoque la paix
  La couleur jaune évoque la richesse
  La couleur verte évoque l'espoir et la prospérité
  Quant au soleil, composé de 24 rayons, il symbolise la « lumière pour tous ».

- **Un nouvel hymne national, intitulé : « Rwanda Nziza », le beau Rwanda.**

- **Un nouvel emblème constitué d'une vannerie et de plantes cultivées, comme le sorgho.**
  Sa devise : unité, travail et patriotisme.

L'HEURE ET LES HORAIRES

Par rapport au méridien de Greenwich, l'heure légale du Rwanda est à GMT (ou TU, Temps Universel) + 2. Si bien qu'en été, la France et le Rwanda sont à la même heure. En hiver, la France, étant à GMT + 1, est en retard d'une heure sur le Rwanda. Ainsi, en hiver, lorsqu'il est midi à Londres, il est 13 h 00 à Paris et 14 h 00 à Kigali. En été, lorsqu'il est midi à Londres, il est 14 h 00 à Paris et à Kigali.
En règle générale, les horaires des administrations et des commerces sont harmonisés, ouvrant et fermant à peu près à la même heure, avec quelques variantes cependant, comme on le verra ci-après :
- *administrations* : ouvertes du lundi au vendredi, de 7 h 00 à 12 h 00 et de 14 h 00 à 17 h 00, le samedi de 7 h 00 à 12 h 00.
- *banques* : ouvertes du lundi au vendredi de 7 h 00 à 12 h 00 et de 14 h 00 à 18 h 00 ; le samedi, de 8 h 00 à 13 h 00.
- *commerces* : ouverts du lundi au samedi de 7 h 00 à 18 h 00. Jusqu'à 22 h 00 pour des magasins en milieu urbain.

Les *marchés traditionnels*, quant à eux, fonctionnent toute la journée, sans interruption (à Kigali notamment).

LES JOURS FÉRIÉS

De nouveaux jours fériés ont été décrétés suite aux événements de 1994, dont la Journée des Héros Nationaux qui est un hommage rendu aux personnes qui ont sauvé des victimes du génocide.

- Nouvel An (1er janvier).
- Journée des Héros Nationaux (1er février).
- Journée des Massacres et du Génocide (7 avril).
- Lundi de Pâques (date variable).
- Fête du Travail (1er mai).
- Journée de l'Indépendance (1er juillet).
- Journée de la Libération Nationale (4 juillet).
- Assomption (15 août).
- Journée de la République (25 septembre).
- Journée du Patriotisme (1er octobre).
- La Toussaint (1er novembre).
- Noël (25 décembre).

POSTE ET TÉLÉCOMMUNICATIONS

Le réseau de télécommunications du Rwanda est de très bonne qualité : on peut facilement et rapidement envoyer du courrier, téléphoner et passer des télécopies dans le monde entier. De nombreux « point-phones » existent dans toutes les provinces du pays et vous permettent d'appeler à l'étranger. Pour connaître un numéro de téléphone au Rwanda, il vous suffit de composer le 12 (appel gratuit).
Depuis la fin des années 1990, le pays s'est mis à l'heure de la téléphonie mobile (avec l'opérateur MTN-Rwandacell) et le portable commence à supplanter le téléphone fixe. Si votre propre portable est débloqué, vous pouvez facilement établir une ligne au Rwanda pour quelques semaines : il vous suffit d'acheter une puce (3 000 Frw) et ensuite d'acheter des cartes de recharge de 1 500 Frw à 2 500 Frw.
Parallèlement, Internet a connu une croissance exponentielle. Partout dans le pays, il est assez facile de trouver un point internet dans les hôtels. À Kigali, si chacun des grands hôtels est également doté d'un centre spécifique, il est plus économique de se rendre dans les cybercafés situés près de la gare routière. Citons notamment le « Globus » qui est

ouvert tous les jours de 8 h 00 à 20 h 30 et qui propose un service très rapide pour 200 Frw la demi-heure.
Pour affranchir vos lettres et les expédier, vous pouvez vous adresser à la réception de votre hôtel : elle est en général équipée d'une boîte aux lettres et vend des timbres. Dépendant du fret aérien et de la fréquence des vols des compagnies aériennes desservant l'Europe, votre courrier pour la France, par exemple, pourra assez rapidement être acheminé par *SN Brussels Airlines*, le ramassage du courrier se faisant le mardi et le samedi, à l'occasion des deux vols hebdomadaires sur Kigali. En sens inverse, le courrier venant d'Europe jouit de délais corrects d'acheminement. À la grande poste de Kigali, vous trouverez un large assortiment de timbres qui seront très appréciés par vos correspondants, s'ils sont philatélistes !

NUMÉROS À RETENIR

Voici quelques numéros de téléphone utiles à Kigali :
Office de Tourisme : 57 65 14.
Centre d'Echanges Culturels Franco-Rwandais : 57 62 23.
Green pharmacie (ouverte 24 h/24, hôtel des Mille Collines) : 50 10 43.
Ambassade de France (Avenue Paul VI, B.P. 53, Kigali) : 57 52 06/ 57 52 25.
Police de Kigali : 824 59 (le jour) et 57 117 (la nuit).
Hôpital Faycal : 85 397.

CONSEILS SANITAIRES

En général, la couverture sanitaire du Rwanda est bonne : on trouve pharmacies, médecins, hôpitaux et dispensaires en grand nombre et bien répartis sur tout le territoire national. En vacances au Rwanda, il ne faut pas se préoccuper outre mesure des risques de maladies tropicales, au point d'en gâcher son séjour. Un peu de prévention suffit.
Il faut penser à prendre son comprimé de *lariam* une fois par semaine, au moment du petit-déjeuner par exemple, ce qui permet d'en oublier vite le goût amer. Ce traitement, qui doit durer pendant tout le séjour au Rwanda et se poursuivre pendant au moins trois semaines après le retour en Europe, est

→ PROVERBES RWANDAIS

La douleur d'autrui est supportable.

Celui qui n'a pas d'esprit apprécie le sien.

L'arbre tombe du côté où il penche.

Il n'est point de voyageur, si matinal fût-il, qui boucle l'étape qui le sépare du cœur d'un autre homme.

Celui-là va mourir, qui perd déjà courage.

La victoire tue.

Ruisseau précipité se détruit.

Les riches en biens sont aussi riches en cupidité.

Les on-dit sont douteux.

Le bâton brise les os, il ne brise pas les mauvaises intentions.

Le mensonge ne nourrit son homme que pendant deux ans.

Là où va la rivière, là aussi vont les pierres.

efficace pour la prévention du paludisme (transmis par certains moustiques affectionnant les régions chaudes et humides de l'Afrique). Si vous êtes piqués par les moustiques, rassurez-vous car ils ne sont pas forcément vecteurs du paludisme ! Dans les hôtels, où la climatisation est souvent très forte, les moustiques disparaissent souvent en raison du froid.

Un désagrément courant lors des voyages en Afrique : la « tourista », plus connue sous le nom imagé de « diarrhée du voyageur ». Il s'agit généralement d'un dérangement intestinal contracté lors de la consommation d'eau ou d'aliments contaminés. Pour éviter tout risque, il est fortement recommandé de consommer uniquement de l'eau en bouteille, de peler tous les fruits et légumes et d'éviter les crudités. Souvent, elle est aussi provoquée par un abus de boissons – surtout les jus de fruits – consommées trop glacées. Ne vous précipitez pas trop souvent sur les jus d'ananas ou de mangues aux effets diurétiques ! Plusieurs verres de boissons glacées équivalent à la consommation d'un bon kilo de nos prunes mangées lorsqu'elles sont vertes !

Inutile de faire venir le médecin ou de se rendre à l'hôpital ; ce n'est pas la dysenterie des explorateurs, c'est un simple mais douloureux mal de ventre qu'on calmera en cessant de boire des boissons trop froides, en mangeant du riz, en dormant sans la climatisation ou le ventre sous les couvertures, et en prenant des comprimés d'*intétrix*. Ces troubles disparaissent en général spontanément en 1 à 3 jours.

Dans les trekkings en montagne, surtout dans le Parc national des Volcans, il faut s'attendre à de la pluie et à patauger dans la boue. Si vous n'êtes pas assez couvert (pull-over et ciré), vous risquez d'attraper un rhume qui vous gâchera tout votre séjour.

Au bord des piscines ou du lac Kivu, attention aussi aux coups de soleil, particulièrement forts au Rwanda. Il faut protéger sa peau en appliquant régulièrement une crème solaire et ne pas trop s'exposer.

Enfin, dans ce pays, où la prévalence de sida atteint près de 12 %, il importe d'être très prudent et d'emporter avec soi des préservatifs. D'autre part, vous devez refuser toute transfusion sanguine ou soin médical avec injection ou incision, si vous n'êtes pas certain que l'aiguille ou la seringue n'a jamais servi avant vous (il est préférable d'emporter avec soi ce matériel de première urgence).

Langues et lexique

Les trois langues officielles du Rwanda sont le français, l'anglais et le kinyarwanda. À Kigali, beaucoup de gens parlent le français (et même de plus en plus l'anglais, beaucoup de réfugiés rentrés d'Ouganda étant anglophones). Mais à l'intérieur du pays, vous n'entendrez souvent que le kinyarwanda. Pour permettre de se débrouiller lorsque vous sortez des sentiers battus, voici un petit lexique succinct (attention ! le « e » se prononce « é » et le « g » suivi d'une voyelle « gu » et non pas « j ") :

Bonjour : *muraho* (*mwaramutse*, pour le matin).
Bonsoir : *mwiriwe*.
Comment ça va ? : *ki* ?
Ça va bien : *amakuru meza*.
Oui : *yégo*.
Non : *oya*.
Aujourd'hui : *uyu mumsi*.
Demain : *éjo*.
Hier : *éjo* (même mot que « demain »).
Devant : *imbere*.
Derrière : *inyuma*.
Où : *hehe*.
Là-bas : *hariya*.
Ici : *hano*.
C'est loin ? : *ni kure* ?
Il fait beau : *hameze neza*.
Il pleut : *imvura iraguye* (ou *iragwa*).
Il fait chaud : *harashyushye*.
Où trouver de l'essence ? *lisansi nayibona hehe* ?
J'ai faim : *ndashonje* ou *nfite inzara*.
Manger : *kurya*.
Boire : *kunywa*.
Bière : *inzoga*.
Vin : *divayi*.
Jus de fruit : *umutobe*.
Jus d'orange: *umutobe w'amacunga*.
J'ai soif : *mfite inyota*.
Pain : *umugati*.
Poulet : *inkoko*.
Les frites : *ifriti*.
Poisson : *ifi*.
Bœuf : *ikimasa*.
Café : *ikawa*.
Thé : *icyayi* (prononcer « *itchayi* »).
Riz : *umuceri*.
Banane : *igitoki*.
Beurre : *amavuta*.
C'est bon : *kiraryoshe*.
C'est mauvais : *kirabishye*.
C'est cher : *kirahenda*.
Un peu : *bike*.
Beaucoup : *byinshi*.
À gauche : *ibumoso*.
À droite : *iburyo*.
L'homme : *umugabo*.
La femme : *umugore*.
Le vieux : *umusaza*.
L'enfant : *umwana*.
Le garçon : *umuhungu*.
La fille : *umukobwa*.
Je suis fatigué : *ndananiwe*.

Il dort : *arasinziriye* ou *arasinzira*.
Je voudrais aller à Kigali : *ndashaka kujya Kigali*.
Je suis à l'hôtel : *ndi muri hotel*.
L'argent : *amafaranga*.
Bon marché : *gihendutse*.
J'achète : *ndagura*.
Je ne comprends pas : *simbyumva*.
Je suis français : *ndi umufaransa*.
En vacances : *muri konjé*.
Touriste : *mukerarugendo*.
Je suis malade : *ndarwaye*.
Un médicament : *umuti*.
Le corps : *umubiri*.
La main : *ikiganza*.
Le bras : *ukuboko*.
Les bras : *amaboko*.
La tête : *umutwe*.
Les yeux : *amaso*.
La bouche : *umunwa*.
Les oreilles : *amatwi*.
Les pieds : *ibirenge*.
Les jambes : *amaguru*.
Le ventre : *inda*.
Le dos : *umugongo*.

Les nombres :

Un : *rimwe* (ou *umwe*) – deux : *kabiri* – trois : *gatatu* – quatre : *kane* – cinq : *gatanu* – six : *gatandatu* – sept : *karindwi* – huit : *umunani* – neuf : *icyenda* – dix : *icumi* – vingt : *makumyabiri* – trente : *mirongwitatu* – quarante : *mirongwine* – cinquante : *mirongwitanu* – cent : *ijana* – mille : *igihumbi*.

La cuisine

Isambaza, poulet ou tilapias grillés, brochettes de bœuf ou de chèvre... Tous vos plats seront accompagnés généralement de frites, mais aussi de riz, de banane, de feuille de manioc et même de petits pois... La cuisine rwandaise est simple, mais les produits sont excellents !

Pays d'agriculture, d'élevage et de pêche, le Rwanda dispose d'un large assortiment de produits frais permettant d'y faire une cuisine variée et de bonne qualité. En effet, des pêcheries ont été aménagées au bord des lacs Kivu et Ihema, qui permettent d'approvisionner une bonne part des villes rwandaises, et notamment Kigali, en poissons d'eau douce frais et délectables, tels le capitaine et une sorte de grosse sardine, l'« isambaza », que toutes les bonnes tables accommodent en friture ou sur le gril.

UNE ALIMENTATION VARIÉE

L'élevage traditionnel des vaches apporte sa contribution en viande et en lait. Tandis que les petits élevages de poulets fournissent la table de succulentes grillades.
Grâce à son climat, à la fois équatorial, chaud et humide, tempéré en altitude, le pays peut en même temps cultiver des légumes tropicaux et européens : les raves de manioc et les patates douces côtoient sur les marchés les salades et les tomates. Mais les légumes de base de l'alimentation du Rwanda restent les pois et les haricots, dont il existe une très grande variété. Les Rwandais les préparent en potée et ils servent de garniture à des plats de poisson ou de poulet. En général, ces plats de légumes sont cuits à l'eau, relevés avec du piment et arrosés de matière grasse (beurre ou huile de palme).
Ainsi, dans les bons restaurants, trouve-t-on sur la carte aussi bien des plats s'inspirant de la « cuisine française » (paupiettes, tranche de rôti de bœuf), que des plats typiquement rwandais : le « sombé aux isambazas séchés », sardines du Kivu aux feuilles de manioc pilées (voir recette en encadré), l'« umutsima » (pâte de bananes, de courges ou de feuilles vertes accompagnant un plat de viande).

→ SOMBÉ AUX ISAMBAZAS SÉCHÉS

Voici une recette typiquement rwandaise à partir de l'isambaza (poisson du lac Kivu, de la taille d'un maquereau).

Pour 6 personnes :
durée de préparation : 15 minutes
durée de cuisson : 50 minutes

Ingrédients :

- **250 g d'isambazas séchés**
- **4 cuillerées à soupe d'huile de palme**
- **3 bottes de feuilles de manioc**
- **3 poireaux**
- **1 tasse de farine d'arachides**
- **1 cuillerée de sel**
- **1 kg de tomate**
- **1,5 l d'eau.**

Hors des grands restaurants, dans presque tous les bars et buvettes, il est toujours possible de manger de succulents poulets grillés et des brochettes de bœuf ou de chèvre.
Depuis le restaurant gastronomique jusqu'à la moindre gargote, en passant par la table familiale, presque tous les plats sont accompagnés de frites. Elles sont préparées en utilisant aussi bien la pomme de terre que les raves de manioc ou la patate douce. Mais vous pourrez aussi trouver d'autres accompagnements : riz, petits pois, bananes, frites, feuilles de manioc (avec un goût proche de nos épinards)...
Au dessert, beaucoup de fruits tropicaux : ananas, mangues, bananes mûres, avocats et papayes.
En boisson, vous trouverez de l'excellente bière produite localement (Primus, Mützig, Guiness) dont le prix est plus abordable que le vin d'importation. Par curiosité, il ne faut pas manquer de goûter au vin de bananes (alcoolisé), qui reste une des grandes boissons nationales. Il y en a plusieurs sortes : – les vins produits par les spécialistes rwandais sur les collines avec des quantités très différentes mais toujours prisées des autochtones – les vins produits par l'OVIBAR (Office de Valorisation Industrielle de la Banane) qui vont du jus de banane à la liqueur en passant par le vin et la cuvée spéciale.
Sur les collines, on produit aussi de la bière de sorgho, délicieuse pour les initiés, mais que les novices jugeront très forte !

> Le marché de Gisenyi.

Préparation :

Tremper les isambazas dans l'eau froide pendant au moins 2 heures.
Piler les feuilles de manioc avec les poireaux coupés.
Couper les tomates.
Chauffer l'huile dans une casserole et ajouter les légumes pilés.
Quand les légumes sont cuits, ajouter les tomates.
Bien remuer puis, quand les tomates sont cuites, ajouter les isambazas, le sel et l'eau.
Faire cuire pendant 30 minutes.
Ajouter enfin la farine d'arachides et laisser cuire encore pendant 10 minutes.
Servir chaud !

Les loisirs

« Farniente » et baignade au bord du lac Kivu, trekking sportif durant l'ascension du mont Karisimbi dans le Parc national des Volcans, safari en voiture dans le Parc national de l'Akagera... Il y en aura pour tous les goûts !

Le Rwanda séduira avant tout les sportifs, les amoureux de la nature et tous les amateurs de loisirs sains et simples, voire familiaux. Car la nature y est incomparablement belle et, comme une très grande partie du pays est en altitude, on y jouit d'un climat tempéré et d'un air particulièrement léger. Ce qui en fait une destination idéale pour tous les âges et tous les tempéraments. Un pays vert où il fait bon se promener, admirer le paysage, organiser de petites excursions ou des trekkings demandant un effort plus soutenu...

TREKKINGS ET SAFARIS-VISIONS

Comme nous l'avons déjà signalé dans les chapitres « Panorama » et « Site par Site », le loisir vedette au Rwanda est le safari-vision. Avec, à la clef, une attraction unique au monde, l'approche et l'observation à quelques mètres des derniers gorilles de montagne dans les hauteurs du Parc national des Volcans. Attention ! Il faut prévoir une excursion à l'avance car les naturalistes chargés de protéger ces grands primates estiment que les groupes de visiteurs doivent être réduits. En outre, ils ne doivent pas s'attarder trop longtemps sur leur territoire, sous peine de les perturber. On réservera donc son tour depuis l'Europe, ou depuis Kigali, auprès de l'*Office Rwandais du Tourisme et des Parcs Nationaux* : ORTPN - BP 905 Kigali - tél. : (00) 250 57 65 14/65 15/ 33 96 - fax : (00) 250 57 65 15 -
Site internet : http://www.visitrwanda.gov.rw.

Pour ces mini-expéditions, qui durent plus de deux heures (à la montée comme à la descente) en marchant sur des terrains glissants et boueux, il faut être en bonne condition physique et s'équiper de bottes et de cirés de marins-pêcheurs (pantalon et anorak). Emporter aussi des vêtements chauds (pull-over et chaussettes de laine). Sans oublier le matériel photo ou vidéo.

→ LA CHASSE EST INTERDITE

À la fin des années 1980, la chasse était l'une des attractions les plus prisées du Rwanda. Chaque année, on venait de très loin, à l'affût de la plus grosse proie. Le bruit courait d'ailleurs parmi les passionnés que le domaine de chasse du Mutara (au nord-ouest du Parc de l'Akagera) abritait le plus gros buffle du monde ! Depuis la fin de la guerre, le domaine est devenu un camp militaire et la chasse est pour l'instant interdite sur tout le territoire rwandais.

Outre l'observation des gorilles, le parc intéressera les alpinistes amateurs – qui monteront jusqu'au sommet des volcans – pour son étonnante végétation d'altitude (lichens, barbes de Saint-Antoine, fougères arborescentes) et pour découvrir de beaux lacs de cratère, enchâssés dans la verdure.

Des trekkings sont également possibles dans la Forêt d'altitude de Nyungwe, au sud-ouest du Rwanda. On y découvre la flore, mais aussi des primates – plus petits que les gorilles –, comme les chimpanzés, les colobes magistrats, les cercocèbes à joues grises, plusieurs espèces de cercopithèques, etc. (Se renseigner également à l'ORTPN de Kigali).

Moins sportifs, mais tout aussi passionnants : les safaris-visions dans le Parc national de l'Akagera, à l'est du pays. On parcourt ce parc en 4 x 4, sans descendre de voiture, à la recherche de grands troupeaux de zèbres, de buffles, d'antilopes et d'hippopotames (droit d'entrée à acquitter au poste du lac Ihema). Il est possible de louer un bateau à l'entrée pour faire un tour sur le lac Ihema, pour approcher les troupeaux d'hippopotames et les oiseaux aquatiques.

De nombreuses autres excursions, promenades et trekkings peuvent être organisés spontanément dans la campagne rwandaise, soit pour visiter des plantations de thé (autour de Byumba) ou de café (autour de Kigali), soit pour gravir l'une des innombrables montagnes du pays et y jouir d'une vue incomparable. En commençant par l'ascension des monts Jali (2 070 m) et Kigali (1 852 m), au-dessus de la capitale du Rwanda. Et aussi le mont Muhe (2 990 m), près de Gisenyi, qui a l'avantage de posséder un petit hôtel, puis le Karongi (2 584 m) dominant Kibuye et le lac Kivu, ou encore le Mushubati (2 184 m) et la chaîne de Ndiza, près de Gitarama, au sud-ouest de Kigali.

La superbe piste en corniche longeant le lac Kivu, de Gisenyi à Cyangugu, via Kibuye, mérite le déplacement. Sans compter la multitude de petits lacs qui parsèment tout le territoire rwandais : Bulera et Ruhondo, au nord (près du Parc national des Volcans), Muhazi à l'est de Kigali, près de Rwamagana, ainsi que tout le chapelet de lacs dans le Parc national de l'Akagera ou tout proche (Rwanyakizinga, Mihindi, Hago, Kivumba, Ihema, Nasho, Cyambwe, Rwampanga, ...).

LOISIRS NAUTIQUES ET BALNÉAIRES

> **Le décor paisible de la station de Kibuye.**

Bien que le Rwanda ne soit pas ouvert sur la mer, on peut toutefois pratiquer des sports nautiques au bord du lac Kivu. Véritable mer intérieure, le lac occupe tout l'ouest du pays et, bien avant l'Indépendance, les Belges avaient aménagé sur ses berges une véritable Riviera dotée de petits hôtels et de superbes villas, notamment à Gisenyi, Kibuye et Cyangugu.

Aujourd'hui, ces trois petites agglomérations ont confirmé leur vocation de stations balnéaires et se sont équipées pour les loisirs et la détente. De la plage du Palm Beach, à Gisenyi, par exemple, on peut se laisser tenter par un petit saut dans les eaux claires du lac ou faire de petites promenades en pédalo ou en péniche. Plus au sud, à la Guest-House de Kibuye, il est même possible de faire du ski nautique.

S'il n'existe plus de liaisons régulières en bateau entre les trois petites stations balnéaires, il est toutefois possible en se renseignant (et en négociant) de trouver une embarcation. Votre persévérance sera à la hauteur de votre plaisir : les croisières au long cours sur les eaux calmes du lac Kivu restent un souvenir inoubliable.

ACTIVITÉS SPORTIVES

Le climat tempéré du Rwanda est idéal pour la pratique des sports de plein air, comme le tennis ou le golf. Les deux hôtels de haut standing de la capitale se sont équipés de courts de tennis pour répondre aux vœux de leur clientèle : le Novotel et l'hôtel des Mille Collines. À l'intérieur du pays, vous trouverez également un cours à l'hôtel Le Credo, à Butare et à la Guest House de Kibuye.
Les amateurs de golf pourront pratiquer ce sport uniquement dans la capitale du Rwanda ; un grand terrain de 9 et 18 trous est situé sur Nyarutarama (« la source du Nil »).

KIGALI BY NIGHT

Si, durant la semaine, la capitale se couche très tôt, le week-end, en revanche les jeunes Rwandais sortent en groupe pour faire la fête. Si Kigali reste plus calme que beaucoup de ses consœurs africaines, vous serez néanmoins surpris d'entrer dans des endroits très fréquentés à la nuit tombée. Bien sûr, vous pouvez vous rendre dans les boîtes de nuit attenantes aux hôtels, comme « le Maxim's », le Novotel ou le club de « Chez Lando » qui passe tous les samedis des chansons rwandaises très populaires. Mais si vous voulez vous immerger dans l'ambiance de la nuit kigalienne, il faut vous rendre dans les nouveaux lieux à la mode : Le café-concert « Le Mango », dans le centre-ville (près de la Place de l'Unité Nationale), ou les deux discothèques « The New Cadillac » (repérable dans la nuit à son rayon laser vert et tenu par « Cobra », un des hommes les plus connus de Kigali !) ou le « Planet » (discothèque du petit complexe « Kigali Business Center », dit « KBC », près du Rond-Point de Kacyiru).

LES SPECTACLES

De nombreux spectacles (théâtre, concerts, danse, cinéma) sont organisés par le Centre d'Échanges Culturels Franco-Rwandais de Kigali, qui reste un des grands foyers d'animation de la capitale rwandaise.
De passage au Rwanda, il ne faut pas manquer non plus d'aller assister à la représentation d'une troupe de danseurs traditionnels *Intores* et des tambourinaires (les troupes font généralement des spectacles soit à Kigali, soit à Butare).

JEUX TRADITIONNELS

Au Rwanda, on joue encore beaucoup à l'*igisoro* sur les collines à la campagne et dans les quartiers populaires des grandes villes. Ce jeu se présente sous la forme d'une table de bois creusée de 32 godets alignés en quatre rangées de huit. Selon des règles complexes qu'on se fera expliquer sur place par des amis rwandais, les deux joueurs disposent de graines (les « vaches ») qu'ils font avancer comme les pions d'un jeu de stratégie. Le but de la partie est de prendre toutes les « vaches » du troupeau de l'adversaire (on achètera une table d'igisoro et ses pions dans les boutiques d'artisanat des hôtels ou en centre-ville, à Kigali).

Mille souvenirs

Le « Pays des Mille Collines » peut également mériter le surnom de « Pays des mille souvenirs », tant sa richesse artisanale est restée intacte : vannerie, objets en bois et peintures en bouse de vache…

À Kigali, plusieurs boutiques en ville ou dans les hôtels assurent la promotion de l'artisanat rwandais ; en ce qui concerne les objets plus usuels (nattes, paniers, poteries), on les acquerra au cours du voyage en se rendant sur les marchés traditionnels.

VANNERIE

De très belles nattes à motifs géométriques (dont les plus beaux exemplaires sont exposés au musée de Butare) servent de décoration murale dans maints hôtels et restaurants. Elles sont toujours fabriquées aujourd'hui, particulièrement dans la région de Gisenyi, au bord du lac Kivu.
De curieux paniers cylindriques, de toutes tailles et coiffés d'un couvercle pointu, servaient autrefois à placer ses effets personnels près du lit. Ils sont en vente un peu partout aujourd'hui, aussi bien au musée de Butare que dans les boutiques des hôtels de Kigali, de Gisenyi, sans oublier les magasins d'artisanat en ville (à Kigali).

TRAVAIL DU BOIS

De nombreux sculpteurs produisent des statuettes représentant des figurines humaines, mais trop souvent, hélas ! elles n'ont rien de très original. Parmi les objets restés de bonne facture et dans le droit fil de la tradition : les petits boucliers de bois (*ingabo*) que les danseurs *Intores* au Rwanda continuent à porter. Avec leurs motifs géométriques marron, noirs et blancs, ils évoquent les formes des objets confectionnés par les peuples d'Australie (Aborigènes) et de Nouvelle-Guinée. Ils sont en vente dans les boutiques d'artisanat du centre-ville de Kigali.
À rapporter également : des tables de jeu d'*igisoro* (voir « Les loisirs », jeux traditionnels).

→ LA VANNERIE

« Autrefois, la matière première provenait principalement de différentes espèces de bambou, du Cyperus et de *l'Eleusina indica*. Les feuilles de bananier étaient utilisées dans la fabrication de nattes, capuchons, sacs et coussinets et les tiges de *laggea*, les lamelles de bambous dans la confection de paniers et de panneaux. (…) Autrefois, seules deux couleurs étaient utilisées pour décorer les objets, le noir et le rougeâtre. Les autres couleurs actuellement en usage ne furent pas employées avant la colonisation. Ces derniers temps, on recourt à des couleurs plus vives de provenance étrangère.
La préparation des deux couleurs était simple ; le noir était obtenu à partir de cendre délayée dans de l'eau bouillante ou d'un mélange de suie grattée sur le fond d'une marmite et de la sève de plante. Le rouge provenait du sang de tiques de vaches ou de la plante *ibihaha by'inkuba*, ou encore de la poudre d'une pierre rouge, umwura. »

***Regards sur le Rwanda*,**
Célestin Kanimba Misago et Thierry Mesas.

> On trouve de belles poteries sur tous les marchés.

Toujours en bois : des instruments de musique traditionnelle, comme la grande cithare *nanga*, les arcs musicaux ou des sortes de petits pianos à lamelles de fer, particulièrement mélodieux et décoratifs. Par ailleurs, des bouteilles de bois – servant traditionnellement à contenir le beurre – sont en vente au Musée national de Butare et en d'autres endroits.

BRODERIE

On pourra trouver des ouvrages de broderie à Rutongo, au nord de Kigali, où une vingtaine de brodeuses perpétuent la tradition. Elles tiennent à votre disposition mouchoirs, nappes et napperons, draps de lit et tableaux brodés. Elles produisent en petite quantité. Il vous faudra donc penser à commander ! Vous pourrez également en acheter dans des boutiques d'artisanat traditionnel.

POTERIES

Sur tous les marchés du Rwanda, on dénichera des marchands de poteries à usage domestique. La plupart sont difficilement transportables en avion, sauf si elles sont bien emballées et expédiées en fret. Mais vous pouvez préférer des modèles de taille plus modeste, qui peuvent être mis dans les bagages.
Toutes ces poteries – vases, cruches, coupelles, etc. – sont en général décorées de beaux motifs géométriques. Certaines d'entre elles représentent des animaux, en particulier des éléphants.

JOUETS

Les enfants rwandais ne manquent pas d'ingéniosité ni d'habileté. Avec du fil de fer, des boîtes de conserve ou des tiges de bambou, ils confectionnent des automobiles, des avions ou même des maisons de rêve. Les enfants de Ruhengeri, près du Parc national des Volcans, proposent aux visiteurs étrangers de superbes modèles réduits de maisons-cages, qu'ils ont entièrement fabriqués en lamelles de bois.
Plus classiques : les poupées du Rwanda en habits traditionnels vendus dans les boutiques d'artisanat.

PEINTURES

Une curieuse matière à laquelle les peintres contemporains européens n'ont pas pensé : la bouse de vache séchée. Dans la région de Rusumo, à l'est de Kigali, les paysans en décorent toujours leurs murs et leurs cloisons intérieures. Ils y sculptent et peignent des motifs géométriques du plus bel effet ! Vous n'imagineriez jamais en quoi ces décors sont fabriqués (d'autant que l'odeur a disparu en séchant et en appliquant la peinture). Dans des ateliers, sur le bord de la route des chutes de Rusumo, les Rwandais vendent aux touristes des tableaux et des vases de bois décorés de cette manière.

CUIR ET PEAUX

Avec la peau non tannée des vaches, les artisans confectionnent de belles descentes de lit qui peuvent aussi décorer des murs. Une fois tannées, ces peaux sont travaillées par de petits artisans maroquiniers qui en feront des sacs, des ceintures, des boîtes, etc. (ateliers de la région de Gisenyi).

PRODUITS ALIMENTAIRES

Le Rwanda produisant du thé et du café comptant parmi les meilleurs du monde, on ne quittera pas le pays sans se rendre dans les commerces alimentaires de Kigali, pour y acheter quelques sachets de ces deux denrées. On trouvera également sur place du vin de banane, traité et mis en bouteille (*urwagwa*) ; ramenée en Europe, elle fera un cadeau original, suscitant la curiosité de vos amis gourmets. Des boutiques spécialisées vendent également à Kigali du *maracuja* (jus de fruits de la passion) ainsi que de la liqueur de banane et divers sirops.
Au marché, avant de quitter le Rwanda, on fera provision de fruits tropicaux : ananas, mangues, papayes, fruits de la passion, arachides, etc.

PLANTES

Parmi les plantes tropicales d'agrément du Rwanda, on ramènera des roses de porcelaine, des anthuriums, des orchidées, entre autres.

VIDÉO

Plusieurs cassettes consacrées au Rwanda, aux parcs nationaux et aux gorilles sont en vente à l'Office du Tourisme de Kigali, à 10 000 Frw (titres : *Gorillas in the nest, Rwanda and mountain gorillas, Rwanda Wildlife, Champion of the world*).

> Architecture traditionnelle dans la région de la Rusumo.

Bibliographie

Pour découvrir au mieux les trésors cachés du Rwanda, il est indispensable de compiler des ouvrages plus spécialisés sur la flore ou les primates.

- *Dictionnaire du comportement animal*, Editions Robert Laffont.
- *Gorilles, les survivants des Birunga*, Editions Nathan (1989).
- *Guides des grands mammifères d'Afrique*, Jean Dorst et Pierre Dandelot, Editions Delachaux et Niestlé (1972).
- *Grands singes, la fascination du double*, Pierre Bobbé S., Editions Autrement (1998).
- *Gorilles dans la brume*, Dian Fossey, Presses de la Cité (1988).
- *Treize ans chez les gorilles*, Dian Fossey, Presses de la Cité (1984).
- *Ma vie avec les chimpanzés*, Jane Goodall, L'Ecole des Loisirs (1989).
- *Eléphants d'Afrique*, Künkel Reinhard, Editions Plume (1999).
- *Atlas des espèces en danger*, Richard Mackay, Editions Autrement (2002).
- *Dian Fossey au pays des gorilles*, Mowat Farley, Editions Seghers (1998).
- *Les grands singes*, Christian Zuber, Editions Flammarion (1977).

À lire aussi sur l'histoire et les traditions (disponible dans les librairies de Kigali) :

- *Regards sur le Rwanda*, Collections du Musée national, Thierry Mesas et Célestin Kanimba Misago, Editions Maisonneuve & Larose/Urukundo (2002).

Se renseigner auprès de la Bibliothèque du Centre Culturel d'Échanges Franco-Rwandais, à Kigali, pour trouver les ouvrages d'auteurs rwandais.

- *Mes Transes à trente ans*, Saverio Nayigiziki
- *L'Optimiste*, Saverio Nayigiziki
- *Rayons et Nuées*, François-Xavier Munyarugerero.
- *Chansons rwandaises*, Cyprien Rugamba, INRS/Butare.
- *Proverbes du Rwanda*, Bizimana et Crépeau.

Beaucoup d'ouvrages récents ont été consacrés au génocide au Rwanda. Généralement, ces livres ne se contentent pas de rappeler les événements de 1994, mais replacent l'événement dans une perspective historique.

- *Rwanda 1994 : un génocide français*, Mehdi Ba, Editions L'Esprit Frappeur (1994).
- *Rwanda. Histoire d'un génocide*. Colette Braeckman, Editions Fayard (1994).
- *Terreur africaine, Burundi, Rwanda, Zaïre : les racines de la violence*, Colette Braeckman, Editions Fayard (1996).
- *Devant le mal, Rwanda un génocide en direct*, Rony Brauman, Editions Arléa (1994).
- *Rwanda : mémoire d'un génocide*, Michel Bührer, Editions le Cherche-Midi/UNESCO (1996).
- *Le Défi de l'ethnisme. Rwanda et Burundi : 1990-1996*, Jean-Pierre Chrétien, Editions Karthala (1997).
- *Rwanda : Les médias du génocide*, Jean-Pierre Chrétien, Editions Karthala (1995).
- *Le génocide franco-africain. Faut-il juger les Mitterrand ?*, Pascal Krop, Jean-Claude Lattès Editeur (1994).
- *Rwanda. Essai sur le génocide*, Alain Destexhe, Editions Complexe (1994).

- *Rwanda 1959-1996. Histoire d'un génocide*, Gérard Prunier, Editions Dagorno (1997).
- *Rwanda. Trois jours qui ont fait basculer l'histoire.* Philippe Reyntjens, Editions Cedaf-L'Harmattan (1995).
- *Complicité du génocide ? La politique de la France au Rwanda*, François-Xavier Verschave, Editions La Découverte (1994).
- *La Françafrique, le plus long scandale de la République*, François-Xavier Verschave, Editions Stock (1998).

Ouvrages collectifs, rapports, revues :
- *Rwanda. Un génocide du XXe siècle*. Raymond Verdier, Emmanuel Decaux, Jean-Pierre Chrétien, Editions L'Harmattan (1995).
- *Rwanda-Burundi 1994-1995. Les politiques de la haine*, Les Temps modernes N°583 (juillet-août 1995).
- *Les crises des Grands Lacs et la question tutsi* (réflexions sur l'idéologie du génocide dans la sous-région), Editions du CRID (Centre de Recherche, d'Information et de Documentation. Association rwandaise dont le but premier est de lutter contre l'ethnicisme. CRID. BP 453. Kigali. Tél. : 87 216).

Des livres de témoignages :
- *Le Pays aux Mille Collines. Ma vie au Rwanda*, Carr Rosamond Halsey, Editions Payot (2002).
- *Une saison de machettes*, Jean Hazfeld, Editions du Seuil (2003).
- *Dans le nu de la vie. Récits des marais rwandais*, Jean Hazfeld, Editions du Seuil
- *France-Rwanda : les coulisses du génocide*, Vénuste Kayijamahe, Editions L'esprit Frappeur (2002).
- *La mort ne veut pas de moi*, Yolande Mukagasana, Document Fixot (1997).
- *N'aie pas peur de savoir*, Yolande Mukagasana, Editions Robert Laffont (1999).

Une bande dessinée :
- *Déogratias*, Jean-Philippe Stassen, Air Libre (2000).

À l'office de tourisme de Kigali, on trouvera des cartes du Rwanda et un plan de Kigali.

Plusieurs librairies spécialisées proposent des ouvrages consacrés au Rwanda :
L'Astrolabe, 46, Rue de Provence, 75009 Paris.
Itinéraires Livres Voyages, 60, Rue Saint-Honoré, 75001 Paris.
L'Harmattan, 16, Rue des Ecoles, 75005 Paris.
Raconte-moi la Terre, 38, Rue Thomassin, 69002 Lyon
Cinq continents, 20, Rue Jacques-Cœur, 34000 Montpellier.
À Kigali, la librairie *Caritas*, (Avenue du Commerce, tél. : 57 65 03), est la mieux achalandée du pays (ouvrages savants en vente également au Musée de Butare, sur l'histoire, l'archéologie, les traditions, etc.). On peut également signaler la librairie *Ikierzi* (Avenue de la Paix, tél. : 57 21 32), plus récente mais également bien fournie.

> Le marché aux poteries de Ruhengeri.

Hébergement

Des chambres de haut standing aux auberges de paroisse, le Rwanda offre tout un éventail d'établissements. Aujourd'hui, tous les endroits touristiques sont dotés d'hôtels de très bonne qualité.

> Le Rwanda offre aux touristes de belles infrastructures hôtelières...

Accueillant traditionnellement des hommes d'affaires plutôt que des groupes de touristes, le Rwanda a construit des hôtels de standing, concentrés surtout dans Kigali, la capitale. Ainsi, le *Novotel Umubano*, de Kigali, compte à la fois des chambres et des suites, des salles de conférences et un restaurant. Il offre également sur place un secrétariat et des télécommunications internationales rapides et modernes (téléphone, télex, télécopie, Internet). Des courts de tennis, une piscine et la proximité d'un golf (neuf et dix-huit trous) permettent aux hommes d'affaires de se détendre entre deux rendez-vous de travail. L'*hôtel des Mille Collines*, implanté également dans la capitale rwandaise, est construit sur le même modèle et accueille des chefs d'entreprise, des financiers internationaux, des diplomates...
Face au tourisme naissant, le Rwanda peut aussi mettre à la disposition des touristes un certain nombre d'établissements judicieusement implantés près des sites les plus courus. Ainsi, en bordure du Parc national des Volcans, à Kinigi, un nouvel hôtel s'est ouvert en janvier 2003 : *Mountain and Gorilla Nest*. C'est un très bel établissement constitué de petites maisons individuelles qui compose un cercle, au milieu des eucalyptus. Le *Village Touristique de Kinigi*, situé, également à quelques mètres du point d'entrée du Parc, appartient à l'association Asoferwa, qui vient en aide aux veuves du génocide.
Certains touristes vont s'installer à Gisenyi – équipé de deux très beaux établissements au bord de l'eau – pour se baigner dans le lac Kivu et pouvoir se rendre au Parc national des Volcans.
L'autre attraction du Rwanda, le Parc national de l'Akagera, est pour l'instant dépourvu d'hôtel. En attendant que l'établissement situé à l'entrée du parc soit rénové, les visiteurs pourront trouver un logement à moins d'une heure de route : soit à Kibungo, à l'*hôtel Umbrella*, soit à Rwamagana, à l'*hôtel Dereva*.

Par ailleurs, on trouve également de bons (voire très bons) hôtels d'étape dans des villes plus modestes comme Butare (où l'on vient voir le Musée national), Byumba (plantations de thé), Kibuye et Cyangugu, toutes deux situées au bord du lac Kivu et ouvertes aux loisirs balnéaires.

Les paroisses religieuses jouent également un rôle important dans l'hôtellerie et offrent près de 350 lits, répartis sur tout le territoire, en particulier près des sites touristiques. De plus, ces chambres sont calmes, propres et souvent bien situées. Certaines restent très bon marché, proposant même des dortoirs aux voyageurs de passage. D'autres, plus récentes, entrent directement en concurrence avec les hôtels privés de haut standing. Ainsi à Ruhengeri, l'Église épiscopale a inauguré en janvier 2003 un tout nouvel établissement, espérant attirer les amoureux des gorilles. Les petites stations balnéaires du lac Kivu ne sont pas oubliées : à Kibuye, le *Centre Béthanie* de l'Eglise presbytérienne (42 chambres, restaurant) est situé sur une presqu'île et donne sur le magnifique panorama du lac Kivu. À Cyangugu, l'Église épiscopale détient également un grand établissement avec six petites villas.

Enfin, il est possible de camper une ou plusieurs nuits dans la Réserve naturelle de Nyungwe et dans le Parc de l'Akagera. Au total, sur tout le territoire, il existe aujourd'hui près de 80 hôtels et « homes » de mission, ce qui représente 1 575 chambres, dont près de 40 % dans la seule capitale. Pourtant, l'offre reste beaucoup plus rapide que l'évolution de la fréquentation. Depuis 1994, le nombre d'hôtels a plus que doublé tandis que le flux de touristes a stagné.

PRINCIPAUX HÔTELS DU RWANDA

KIGALI

Haut standing :

- *Umubano Novotel*, BP 874, 98 chambres (dont 14 suites), bar, restaurant, discothèques, piscine, tennis, minigolf, salles de conférences, boutiques, centre internet. Tél. : 858 13 à 16 et 821 76 à 78. Fax : 829 57 (réservation par Internet : http://wwww.novotel.com). Prix : 125 US$, petit-déjeuner compris.
- *Hôtel des Mille Collines*, BP 1322. 112 chambres, bar, piscine, restaurant, terrain de tennis, salles de conférences, boutiques, centre internet. Tél. : 57 78 87/57 12 78. Port. : 08 300 770. Fax : 51 11 38. Prix : de 95 à 110 US$.
- *Motel Le Garni du Centre*, BP 548. 12 chambres. Bar, restaurant (à la commande), piscine. Prix : 60 US$.
- *Le Gorilla*, 31 chambres. Bar, restaurant, salle de conférences, centre internet. Tél. : 50 17 17. Fax : 50 17 16. Port. : 08 48 77 77. Prix : de 59 à 71 US$.

> notamment à Kigali (l'Hôtel Novotel).

Prix moyens :
- *Alpha Palace*, BP 2632. 40 chambres. Bar, restaurant, discothèque. Tél. : 829 81. Fax : 841 34.
  Prix : de 20 à 25 000 Frw.
- *Auberge d'Accueil*, 12 chambres. Bar, restaurant.
  Prix : de 11 800 à 14 000 Frw.
- *Hôtel Castel*, BP 289. 23 chambres, dont 2 suites. Bar, restaurant. Tél. : 57 63 77/57 84 91. Fax : 874 56.
  Prix : de 13 à 20 000 Frw.
- *Chez Lando*, BP 1519. 32 chambres. Bar, restaurant, discothèque. Tél. : 820 50. Fax : 843 80.
  Prix : de 18 à 24 000 Frw, petit déjeuner compris.
- *Hôtel Baobab*, 8 chambres. Bar, restaurant. Tél. : 57 56 33.
  Prix : de 10 à 13 000 Frw.
- *Hôtel Isimbi*, BP 1163. 25 chambres. Bar, restaurant. Tél./Fax : 57 51 09. Prix : 15 000 Frw.
- *Karibu Lodge*, 3 chambres. Bar et restaurant traditionnel.
  Prix : 10 000 Frw.
- *Okapi Hôtel*, 39 chambres. Bar, restaurant, centre internet. Tél. : 57 16 67. Prix : de 15 à 25 000 Frw.

Bon marché :
- *Auberge de Nyamirambo*, 6 chambres doubles. Tél. : 57 28 79.
  Prix : de 4 à 6 000 Frw.
- *Hôtel Gloria*, 6 chambres. Tél. : 57 19 57.
  Prix : de 6 à 8 000 Frw.
- *Kigali Hôtel*, 14 chambres (doubles et simples).
  Tél. : 57 13 84. Prix : de 5 à 7 000 Frw.
- *Motel La Vedette*, Chambres doubles et simples.
  Tél. : 57 35 75. Prix : de 4 à 6 000 Frw.

BUTARE

Haut standing
- *Hôtel Faucon*, 12 chambres. Bar, restaurant. Tél. : 53 01 85.
  Prix : 11 500 à 15 000 Frw.
- *Hôtel Ibis*, BP 103. 14 chambres. Bar, restaurant.
  Tél. : 53 03 35. Fax : 53 00 05. Prix : de 14 à 16 000 Frw, petit-déjeuner compris.
- *Hôtel Credo*, 25 chambres (dont 3 suites). Bar, restaurant, salles de conférences, piscine, court de tennis. Tél. : 53 08 55/ 53 05 05. Fax : 53 02 01. Prix : de 13 à 20 000 Frw.

Bon marché :
- *Motel Beaux-Arts*, 9 chambres. Bar, restaurant.
  Tél. : 53 00 37. Prix : de 4 à 7 000 Frw.
- *Motel Gracia*, 11 chambres. Bar, restaurant.
  Port. : 08 62 51 23. Prix : 4 000 Frw.
- *Motel Iniza*, 12 chambres. Snack. Pas de téléphone.
  Prix : de 3 à 4 000 Frw.
- *Procure d'Accueil*, 4 chambres. Tél. : 53 09 93.
  Prix : de 2 500 à 4 000 Frw.

BYUMBA
- *Ikaze Bagenzi*, Bar-restaurant Amacumbi. 15 chambres. Pas de téléphone.

CYANGUGU

Au bord du lac
- *Hôtel du Lac Kivu*, 22 chambres. Bar, restaurant.
  Tél. : 53 71 72. Port. : 08 57 23 22. Prix : de 8 à 12 000 Frw.
- *Hôtel des Chutes*, 20 chambres. Bar, restaurant.
  Tél. : 53 74 05. Prix : de 6 à 10 000 Frw.
- *Peace Guest House*, 15 chambres, 6 villas (2 chambres + un salon). Bar, restaurant, centre internet. Tél. : 53 77 99. Port. : 08 52 27 27. Prix : de 3 à 5 000 Frw.
  Villa : 20 000 Frw.

À KAMEMBE (à quelques kilomètres du lac)
- *La Petite Colline*, 18 chambres. Bar, restaurant, salle de jeux et petit zoo (singes, oies). Port. : 08 52 37 80. Fax : 53 78 26. Prix : de 4 à 7 000 Frw.
- *Ten to Ten*, 28 chambres. Bar, restaurant, sauna, massage. Port. : 08 61 45 75. Prix : de 10 à 14 000 Frw.

GIKONGORO
- *Guest-house*, 14 chambres. Pas de téléphone. Prix : de 4 à 6 000 Frw.

GISENYI
- *Hôtel Belvédère*, BP 252. 8 chambres. Bar, restaurant. Tél. : 54 03 49. Port. : 08 51 24 29. Prix : de 9 à 16 500 Frw.
- *Hôtel Palm Beach*, BP 347. 14 chambres. Bar, restaurant, discothèque. Port. : 08 55 95 51. Prix : de 6 500 à 10 000 Frw.
- *Hôtel Régina*, 12 chambres. Bar, restaurant. Port. : 08 50 22 26. Prix : de 5 à 12 000 Frw.
- *Hôtel Ubumwe*, 16 chambres. Bar, restaurant. Tél. : 54 05 30. Fax : 54 02 67. Port. : 08 50 66 47. Prix : de 7 à 10 000 Frw, petit-déjeuner compris.
- *Auberge de Gisenyi*, BP 318. 12 chambres + 2 appartements. Restaurant. Tél. : 54 03 85. Port. : 08 51 34 74. Prix : de 4 à 5 000 Frw.

KIBUNGO
- *Umbrella Hotel*, 7 chambres. Bar, restaurant. Tél. : 56 62 69. Prix : de 5 900 à 8 260 Frw.

KIBUYE
- *Centre Béthanie*, 42 chambres. Bar, restaurant, centre internet. Tél. : 56 82 35. Prix : de 7 à 10 000 Frw.
- *Guest House*, 20 chambres. Bar, restaurant, sports nautiques, piscine, court de tennis. Tél. : 56 85 54. Fax : 56 83 60. Prix : de 11 800 à 17 800 Frw.
- *Home Saint-Jean*, 15 chambres, dortoir. Tél. : 56 85 26. Prix : de 2 500 à 4 000 Frw, dortoir : 1 500 Frw.

LAC MUHAZI
- *Seeds of Peace Center*, 3 bungalows, avec deux chambres, toilettes et petite cuisine. Tél. : 67 422. Port. : 08 68 74 06. Prix : 20 000 Frw le bungalow.

RUHENGERI
- *Home d'Accueil Moderne*, 9 chambres. Bar, restaurant. Tél. : 54 66 26. Prix : de 3 à 4 000 Frw.
- *Guest House de l'Eglise épiscopale*, 31 chambres. Restaurant. Tél. : 54 68 57. Prix : de 7 à 15 000 Frw.
- *Hôtel Muhabura*, BP 118. 10 chambres + 3 appartements. Bar, restaurant. Tél./Fax : 54 62 96. Port. : 08 50 14 51. Prix : de 7 à 10 000 Frw.
- *Hôtel Urumuli*, 6 chambres. Bar, restaurant. Tél. : 54 68 20. Prix : 3 500 Frw.

KINIGI, au pied des volcans Birunga
- *Mountain and Gorilla Nest*, 21 chambres + 2 appartements. Bar, restaurant. Port. : 08 30 23 91. Prix : 21 000 Frw. Appartement : 80 US$.
- *Village Touristique de Kinigi*. 11 chambres + dortoir. Bar, restaurant. Tél./fax : 84 413. Port. : 08 53 36 06. Prix : de 8 500 à 15 000 Frw. Dortoir : 5 000 Frw.

RWAMAGANA
- *Hôtel Dereva*, BP 126. 10 chambres. Bar, restaurant. Tél. : 67 244. Prix : de 4 à 5 000 Frw.

Spécial voyage d'affaires

(Pour appeler le Rwanda de France : 00 + 250)

Depuis quelques années, le Rwanda s'est lancé dans une entreprise de séduction en direction des investisseurs étrangers. Les hommes d'affaires occidentaux y trouveront d'excellents hôtels de haut standing mais surtout de nouveaux systèmes incitatifs au niveau fiscal.

TRANSPORT AÉRIEN INTERNATIONAL

SN Brussels Airlines est aujourd'hui la seule compagnie européenne à desservir l'aéroport international Grégoire-Kayibanda à Kigali (à 12 km du centre-ville). Elle assure des liaisons directes Bruxelles-Kigali deux fois par semaine (mardi et samedi) et des retours les mêmes jours avec une escale à Nairobi (Kenya). Dans chaque vol, bien évidemment, une classe affaires offre les avantages de confort et de tranquillité. À l'arrivée et au départ de l'aéroport de Kigali, un salon « VIP » est réservé aux hommes d'affaires voyageant en 1ère classe (facilités d'enregistrement, bar confortable...).

Les mêmes avantages sont disponibles sur *KLM/Kenya Airways*, (Paris-Kigali, via Amsterdam et Libreville) ainsi que sur les autres compagnies régulières qui desservent le Rwanda depuis l'Afrique : *Kenya Airways* (de Nairobi), *South African Airways* (de Johannesburg), *Ethiopian Airlines* (de Bujumbura ou d'Addis Abeba), *Air Burundi* (de Bujumbura), *East African Airlines* (de Entebbe et Bujumbura), *Rwandair Express* (de Entebbe, Nairobi, Johannesburg).

HÉBERGEMENT

À Kigali, plusieurs grands hôtels ont la faveur des hommes d'affaires en raison de leur confort, de la qualité du service et des équipements nécessaires pour travailler : télécommunications fiables, salles de conférences, secrétariat volant, télécopie, photocopie, centre internet, etc.

- *Umubano Novotel*, BP 874. 98 chambres (dont 14 suites), bar, restaurant, discothèques, piscine, tennis, minigolf, salles de conférences, boutiques, centre internet. Tél. : 858 13 à 16 et 821 76 à 78. Fax : 829 57 (réservation par internet : http://wwww.novotel.com). Prix : 125 US$, petit-déjeuner compris.
- *Hôtel des Mille Collines*, BP 1322. 112 chambres, bar, piscine, restaurant, terrain de tennis, salles de conférences, boutiques, centre internet. Tél. : 57 78 87/57 12 78. Port. : 08 300 770. Fax : 51 11 38. Prix : de 95 à 110 US$.
- *Motel Le Garni du Centre*, BP 548. 12 chambres. Bar, restaurant (à la commande), piscine. Prix : 60 US$.
- *Le Gorilla*, 31 chambres. Bar, restaurant, salle de conférences, centre internet. Tél. : 50 17 17. Fax : 50 17 16. Port. : 08 48 77 77. Prix : de 59 à 71 US$.

RÉCEPTIONS, CONFÉRENCES

– Conférences, séminaires : à Kigali, on peut organiser des séminaires, de petits symposiums et diverses réunions de travail dans les grands hôtels de la place qui sont dotés de salles modulables (*Novotel, hôtel des Mille Collines*, en particulier).

– Expositions : à la fin de certaines réunions d'affaires, il est d'usage de montrer des produits, ou différentes facettes de l'activité de la firme, par le biais d'exposition photos.

Certains hôtels de Kigali s'y prêtent tout à fait, en particulier le *Novotel Umubano*, qui dispose à la fois de salles de réunion et d'un grand hall où des tables et des vitrines peuvent être disposées.
- Cocktails, banquets : des banquets sont souvent organisés dans la capitale rwandaise à l'occasion de réunions politiques ou économiques. La plupart du temps, ils ont lieu dans les grands hôtels.
Quelques bons restaurants pour traiter – ou conclure – des affaires : *Aux Caprices du Palais, Chez Lando*, restaurants des hôtels *Novotel*, des *Mille Collines* ou du *Gorilla*.

> Le buffet de l'Hôtel Méridien à Kigali.

QUELQUES ADRESSES ET SERVICES UTILES

- *Photocopies* : SECAM (tél. : 57 35 29).
- *Labo-photos* :
  Fotolab, Rue Kalisimbi, tél. : 57 65 08 ;
  Layla Photo Magic, Rue Kalisimbi ;
  Foto Mu S.A - tél. : 57 67 61.
- *Internet* : tous les grands hôtels sont équipés d'un « business Center » (services de fax, Internet...),
  Le Globus (près de la gare routière).
- *Librairies, papeteries* :
  Ikirezi, Avenue de la Paix, tél. : 57 21 32 ;
  Caritas, Avenue du Commerce, tél. : 57 65 03.
- *Conseil et gestion d'entreprises* :
  ASEPCO (bureau d'études de projet, comptabilité. Hôtel des Mille Collines. Tél. : 57 17 56. Port. : 08 50 13 73).
- *Banques* :
  BACAR, BP 331, Boulevard de la Révolution, tél. : 57 30 48 ;
  Banque à la Confiance d'Or, BP 2059, Avenue de la Paix, tél. : 57 57 80 ;
  Banque Commerciale du Rwanda, BP 354, Boulevard de la Révolution, tél. : 57 55 93 ;
  Banque de Kigali, BP 175, 63, Avenue du Commerce, tél. : 57 69 31.
- *Location de voitures* :
  Cite Travel & Tours services, BP 4778, tél. : 57 12 78, à l'hôtel des Mille Collines ; Swift Tours & Travel, BP 1003, Avenue de la Paix, tél. : 57 11 31 ;
  Auto world company, BP 1305, tél. : 57 43 90.
- *Expéditions rapides* :
  DHL worlwide Express, Immeuble Soras, Boulevard de la Révolution, tél. : 57 30 51/57 30 52 ;
  Skynet, Immeuble Prince House ;
  Remera, tél. : 08 50 28 10/08 50 01 20.

ADMINISTRATION ET ORGANISMES OFFICIELS

- *Ministères* :
  Ministère du Commerce (tél. : 57 47 34) ;
  Ministère des Affaires locales (tél. : 85 427) ;
  Ministère de l'Économie et des Finances (tél. : 57 57 78) ;
  Ministère des Transports et des Télécommunications (tél. : 85 503) ;
  Ministère de l'Agriculture (tél. : 84 644) ;
  Ministère de la Santé (tél. : 57 72 53) ;
  Ministère des Affaires étrangères et de la Coopération régionale (tél. : 57 76 53) ;
  Ministère de la Jeunesse, des Sports et de la Culture (tél. : 83 527).

- Orinfor, Office rwandais d'Information (tél. : 57 65 40).
- Rwanda Investment Promotion Agency (RIPA) (tél. : 58 52 23).
- Commission Juridique et Constitutionnelle (tél. : 51 44 44).
- Groupe de Recherches et Applications pour le Développement (tél. : 57 86 46).
- Programme d'Aides des Nations Unies : (tél. : 08 30 19 98).
- Usaid : (tél. : 57 09 40).
- Unicef (tél. : 08 30 25 33).
- Unesco (tél. : 78 847).
- Fao : Organisation des Nations Unies pour l'Alimentation et l'Agriculture (tél. : 57 35 41).
- Banque Mondiale (tél. : 57 22 04).

TABLEAU DE BORD DU RWANDA

Avec une population de 8,164 millions d'habitants, le Rwanda a réalisé un PIB (Produit Intérieur Brut) de 1,6 milliard de dollars en 2002.
Le PNB par habitant s'établit donc à 250 dollars par an. D'après le rapport sur le développement humain du PNUD, le Rwanda est encore à la 164e place sur 174 pays. Il est touché par un taux de chômage et de sous-emploi qui s'élève à plus de 30 %. L'agriculture représente 40 % des revenus de l'État, 60 % des ressources en devises et emploie 90 % de la population. Quant à l'industrie, elle est encore peu développée : 2 % de la population active et 19 % du Produit Intérieur Brut (PIB). À la troisième place arrive le tourisme, même s'il ne représente plus qu'un très faible pourcentage du PIB.
Le taux d'inflation se maintient à 3,5 % en 2001. Dette extérieure totale : en 2000, 1 200 millions de dollars. Et le service de la dette à 22,5 % (de 1998 à 2000).
Échanges extérieurs : en 2001, 277 millions de dollars d'importation (principaux fournisseurs : l'Afrique et l'Union Européenne) et 121 millions de dollars d'exportations. Le déficit du compte courant (à l'exclusion des transferts officiels) en pourcentage du PIB est passé de 14,6 % en 1999 à 13,1 % en 2000 (de 240 à 234 millions de dollars).

L'OFFICE RWANDAIS POUR LA PROMOTION DES INVESTISSEMENTS :

Le Rwanda s'est lancé dans une politique de privatisation et d'ouverture aux investissements étrangers. Véritable intermédiaire entre les ministères et les entrepreneurs, l'Office Rwandais pour la Promotion des Investissements (RIPA, dans son abréviation anglaise) a vu le jour en 2001. En traitant directement avec la RIPA, les investisseurs potentiels évitent les lourdeurs de la bureaucratie et peuvent bénéficier d'avantages incitatifs divers : exemption des droits à l'importation et des taxes sur les ventes, mesures fiscales incitatives, primes à l'investissement... Pour accéder à ces avantages, un minimum de 100 000 dollars est requis des investisseurs étrangers (RIPA, tél. : 58 52 23).

PRINCIPALES ENTREPRISES

- *Agro-alimentaire* :
  Ocir Café (Office des Cafés), BP 104, Kigali, tél. : 250 57 52 77/57 53 98/57 46 43/57 56 00/57 53 98 ;
  Ocir Thé (Office des Cultures Industrielles du Rwanda), BP 1344, Kigali, tél. : 57 59 56/57/30 47 ;
  Bralirwa (Société des Boissons et Limonades au Rwanda), BP 131, Kigali, tél. : 87 200/82 993 ;
  Ovibar (Office de Valorisation Industrielle de la Banane), BP 1002, Kigali, tél. : 85 857 ;
  Sobolirwa, BP 346, Kigali ;
  Sulfo Rwanda industries, BP 90, Kigali, BP 342, Gisenyi.
- *Chaussures* : Ecomirwa ; Sodeparal ; Sogimex-Utexrwa.
- *Supermarchés* : City 2 (Kigali) ; Kistar (Kigali) ; Sopetrad (Kigali).
- *Commerce général* :
  Cogetra, BP 1982, Kigali ;
  Entreprise Rwandaise de Commerce, BP 2611, Kigali ;
  GECI (Groupement d'Entreprises Commerciales et Industrielles : commerce, transport), BP 3284 ;
  IMEX (exportation de peaux).
- *Le bâtiment, les travaux publics* :
  Cimerwa (cimenterie de Bugarama), BP 21, Cyangugu ; BP 644, Kigali ;
  Sadec, BP 3050, Kigali ;
  Pyramide Construction, BP 3383, Kigali ;
  Sirwa (peinture et vernis, sanitaires) ;
  Prometal (tréfilerie) ;
  Universal Plastics (tubes en pvc) ;
  Uprotur (profilés et tubes) ;
  Tolirwa (tôles, bacs, clous) ;
  Manumetal (constructions métalliques).
- *Mobilier* :
  Namdhari (meubles, matelas en mousse) ;
  Ameki (atelier de meubles de Kigali).
- *Assurances* :
  Cogear (Compagnie Générale d'Assurances et de Réassurances au Rwanda, trois agences à Kigali, une à Butare) ;
  Sonarwa (Société Nationale d'Assurances au Rwanda) ;
  Soras (Société Rwandaise d'Assurances, à Kigali et Butare).
- *Banques* :
  La Banque Commerciale du Rwanda (nombreuses agences à Kigali et dans les grandes villes, comme Butare, Cyangugu et Ruhengeri) ;
  La Banque de Kigali (idem) ;
  La Banque Rwandaise de Développement (à Kigali) ;
  La Caisse d'Epargne du Rwanda (à Kigali et à Gisenyi) ;
  Bacar (Banque Continentale Africaine).
- *Informatique* :
  Compulec (ordinateurs, machines à écrire, copieurs et fax) ;
  Venus Engineering.

> L'immeuble de la Soras.

- *Télécommunications* :
  MTN-Rwandacell, BP 264, Kigali, tél. : 83 456 ;
  Rwandatel, BP 1332, Kigali, tél. : 57 67 77.
- *Compagnies pétrolières* : Gapco ; Petrocom ; Petrorwanda ; Sopetrad ; Total Rwanda...
- *Divers* :
  Sorwal (allumettes) ;
  Spectra (cassettes) ;
  Sakirwa (savons, cosmétiques, huile raffinée) ;
  Sulfo-Rwanda Industries (savons) ;
  Sulfo-Rwanda industries (bonbons) ;
  Rwandex SA (cuir et peaux) ;
  Sorimex (pâte dentifrice, savons) ;
  Expo World furniture (décoration d'intérieur) ;
  Jojo Couture (couture) ;
  Getrac Rwanda (cosmétiques).

DES CENTAINES D'ESPÈCES D'ORCHIDÉES

Dans les forêts du Rwanda (Nyungwe, en particulier) et dans les hauteurs des volcans, le climat humide est particulièrement propice à l'éclosion de centaines d'espèces d'orchidées. Comme l'écrit le spécialiste orchidophile Marcel Lecoufle dans l'ouvrage intitulé *Orchidées exotiques*, à propos de ces fleurs épiphytes :
« Aristocratie du règne végétal, cette famille est la plus belle, la plus vaste, la plus variée et la plus cosmopolite ; elle est représentée par près de huit cents genres et vingt-huit mille espèces différentes, répandues presque dans tout l'univers.
Certaines plantes peuvent surprendre par leur aspect peu décoratif, mais en revanche, que de merveilles elles produisent !
Leurs fleurs offrent des variations inouïes de forme et de couleur.

LOCALISATION GÉOGRAPHIQUE

Bon nombre d'entreprises rwandaises se sont implantées dans la capitale à Kigali où a été aménagée une grande zone industrielle moderne : le parc industriel de Gikondo. Dans les grandes villes (Butare, Gisenyi, Cyangugu, Ruhengeri), des industries agroalimentaires ont également été implantées : traitements du thé et du pyrèthre, brasseries, etc.

Pour tous renseignements concernant le voyage d'affaires au Rwanda, se reporter à l'annuaire Indigo des sociétés 2002 (se renseigner auprès de la Fédération rwandaise du secteur privé. BP 319, Kigali.
Tél. : 83 538/83 541. Fax : 83 532).

> L'horticulture est reine au Rwanda : ici des serres.

**Il en est de grandes (...) ; d'autres, petites ; beaucoup sont étranges et étonnantes (...).
La gamme des couleurs est également très variée ; des plus délicates aux plus brillantes, on y trouve des tons et des contrastes inconnus chez les autres fleurs.
Le parfum des fleurs, nul chez certaines, désagréable pour quelques exceptions, est chez la plupart d'une exquise suavité ; il varie à l'infini.
Certains genres (...) sont cultivés pour la beauté de leur feuillage que l'on croirait de velours et dont les nervures semblent avoir été tracées à la plume tant elles sont fines et artistiquement dessinées. »**

Index

Cet index comprend les noms de sites, lieux, personnages faisant l'objet d'une description. Ceux qui justifient d'une rubrique particulière sont indiqués en **gras**.

> La récolte du café.

> Avec ses 310 habitants au km^2, le Rwanda a la plus grande densité de population d'Afrique.

LES EDITIONS DU JAGUAR
57 bis, rue d'Auteuil - 75016 Paris, France
TÉL. : (33) 1.44.30.19.70 – FAX: (33) 1.44.30.19.79
E-mail : jaguar@jeuneafrique.com
www.leseditionsdujaguar.com

Toutes les photos de couverture et des pages intérieures sont de **P. Maitre/Odyssey** sauf mentions spéciales
Agence Roger-Viollet : page 37.
T. Barbier : pages 72 bas, 73 centre.
V. Fournier/J.A.I. : pages 22, 68 haut, 72 haut, 74 haut, 75 haut, 75 centre, 75 bas, 86-87, 112-113, 125 haut, 125 bas, 153, 163, 166, 176, 183, 186.
J. Guyaux : page 108.
Y. Latronche/J.A.I. : pages 4-5, 17, 18, 23 haut, 30, 33 haut, 48, 51, 60 haut, 61 bas, 64 haut, 65, 68 bas, 69, 70 haut, 70 bas, 71 fond, 71 haut gauche, 71 haut droit, 71 bas, 88, 100, 104 haut, 104 bas, 105 haut, 105 bas, 106 fond, 110, 114, 115, 120, 121, 122-123, 126, 127, 154-155, 162, 165, 171, 179, 180-181, 184, 201, 205.
P. Maitre/J.A.I. : pages 13, 64 bas, 103.
A. Pacciani : pages 59 fond, 74 bas gauche, 74 bas droite, 84, 85, 159, 161, 199 haut, 199 bas, 200.
N. Quidu : pages 73 haut, 73 bas, 102, 206-207.
M.-G. de Saint Venant : pages 66 haut, 66-67.
J. Witt/SIPA-PRESS : page 57.
GRAPHISTE : **Lucile Kerrebrouck**
CARTOGRAPHE : **Madeleine Benoit-Guyod**

Imprimé par Pozzo Gros Monti à Moncalieri (Italie)
ISBN 2-86950-369-5 - Dépôt légal 3e trimestre 2003